한국의 금표

일러두기

1 명칭의 경우 문화재로 지정된 경우 지정된 명칭을 사용하고, 아닌 경우 '지역＋금표(봉표)'로 통일해서 사용한다.

　　예 연산군 시대 금표비 / 화성 외금양계비

2 인명의 경우 역사서의 기록을 근거한다.

3 책의 내용에 인용된 원문이나 자세한 내용은 참고문헌이나 미주를 확인하면 된다.

4 사진 중 별도의 출처 표기가 없는 사진은 모두 저자가 촬영한 사진이다.

5 문화재 지정 번호의 삭제에 따라 지정 문화재인 경우 어떤 유형인지만 표기한다.

　　예 연산군 시대 금표비(경기도 문화재 자료)

책머리에

답사 중 연산군시대금표비(燕山君時代禁標碑)에 간 적이 있었다. 이날 나는 금표(禁標)의 존재를 처음 접했는데, 이때만 해도 '이런 문화재가 있다'는 정도의 인식이었다. 그러다 앞서 발간했던 『조선왕실의 태실』을 준비하는 과정에서 태실에도 금표가 있다는 사실을 알게 되었고, 울진 금강소나무숲길을 비롯한 산림에 대한 조사와 연구를 진행하는 과정에서도 꽤 많은 수의 금표(禁標)가 있는 것을 확인했다. 내가 생각한 이상으로 전국적으로 많은 수의 금표가 있다는 것을 실감한 순간이었다.

결정적으로 이 책을 써야겠다고 다짐한 건 화성 외금양계비(外禁養界碑) 때문이다. 왕릉 관련 금표로는 유일하게 확인된 사례인 외금양계비에 대한 문화재지킴이 활동을 하는 과정에서 문화재적 가치가 있음에도 비지정 문화재로 방치되고 있는 모습이 너무 안타까웠다. 때문에 내가 활동하고 있는 『이야기가 있는 역사문화연구소』에서는 외금양계비에 가치를 알리고, 문화재로 지정하기 위해 다양한 노력을 해왔다. 화성시에 문화재 지정을 요청하는 민원과 외금양계비의 존재와 가치를 알리기 위해 언론과 학술지 등에 소개했다. 또한, 2021년에 연구소가 문화재지킴이단체로 승인됨에 따라 외금양계비에 대한 정기 문화재지킴이 활동을 시작했으며, ㈜한국문화재지킴이단체연합회가 공모한 국고보조사업의 하나로 2022년 9월 29일에 〈화성 외금양계비의 연구와 과제〉 학술 발표를 진행했다. 어떻게 보면 외금양계비는 이 책의 출간 배경이 된 시작점이기에 내게 남다른 의미일 수밖에 없다.

한편, 전국의 금표를 다루고 집대성한 것은 이 책이 처음이다. 산림금표의 경우 산림청을 비롯한 관련 연구자들의 조사와 연구가 많이 진행되었고, 별도의 책자와 논문 등으로 발표된 사례도 적지 않다. 또한, 사산금표(四山禁標)나 연산군 시대 금표비처럼 개별 금표에 대한 연구가 진행된 사례는 있지만, 이 책처럼 전국의 금표를 전수 조사하고 연구·분류한 것은 이번이 처음이다. 나 역시 "이 많은 금표를 조사할 수 있을까?"라는 회의감이 들기도 했지만, 아무도 하지 않았던 분야이기에 나라도 해야겠다는 묘한 사명감 같은 것도 생겼다.

금표를 정리하는 과정도 쉽지 않았는데, 금표의 분류가 명확하게 이루어진 것이 아니기 때문이다. 금표의 전국적인 분포에서 보듯 이를 한 개인이 감당하기란 쉬운 작업이 아니었다. 또한, 금표의 소재지가 산이나 접근성의 제약이 있는 곳이 많다는 점도 난제였다. 가령 북한산 국립공원과 울진 금강소나무숲길처럼 출입이 제한된 지역과 사유지 등에 금표가 있는 경우 접근 자체가 쉽지 않았다. 그렇게 우여곡절 끝에 지난 6년간 조사·정리한 결실을 맺을 수 있었다.

금표를 답사하는 과정에서 들었던 생각은 생각보다 다양한 목적의 금표가 있기에 모든 금표를 포괄할 수 있는 새로운 정의가 필요했다. 가령, 금표가 나무를 보호하기 위한 것으로 알고 있는 사람도 적지 않은 만큼 큰 틀에서 금표에 대한 정의를 하고, 하위 단계로 목적별 분류가 있어야 했다. 그렇게 파편화 되어 있는 선행 자료들을 일일이 찾아가며 이 책을 준비해야했다. 이처럼 조사와 연구 결과를 바탕으로 금표에 대한 정의를 한 뒤 금표의 특징들을 엮어 공통되는 부분을 묶는 과정을 거쳤다. 편의 상 이를 '중분류'라 부른다. 마지막으로 분류된 '중분류'에서 각각의 개별 금표를 정리했다.

때문에 이 책은 향후 금표를 연구하는 데 있어 기초 자료로서 의미가 있을 것이다. 또한, 어렵게 출간되어 빛을 본 책인 만큼 향후 연구자들이 금표를 연구하고, 후속 연구를 하는데 있어 도움이 될 수 있다면 이 책의 출간 목적은 충분히 달성된 것으로 생각한다. 한편, 책을 집필하는 과정 에서 역사적 사실과 금표가 있는 현장은 내용 검토의 중요한 잣대가 되 었다. 적어도 이 책이 부정확한 오류를 담아 독자들에게 혼란을 초래해 서는 안 되기 때문에, 아래 기준에 의해 책을 집필하고자 했음을 밝힌다.

- 현장에서 확인되는 금석문의 해석
- 『조선왕조실록』과 『승정원일기』 등의 역사서
- 기타 문헌 자료와 문화재 등을 통해 위의 내용을 보충

위의 기준과 함께 '아는 대로 쓰고, 모르는 건 모르는 대로 남겨 둔다.' 라는 집필 원칙을 최대한 지키려 했으며, 연구자들의 학술 자료를 검토 하고 역사적 해석에 대한 부분도 함께 담고자 했다. 아울러 이 책을 집필 하기까지 관련 자료를 공유해주시고, 완성도 있는 책을 위해 조언을 아 끼지 않으셨던 박봉우 교수님, 현장의 사정으로 방문하지 못한 금표의 사 진과 탁본을 제공해주신 진한용 원장님과 이기웅 선생님, 임병기 선생님,

이경주 선생님, 이상훈 선생님, 정영현 선생님, 심현용 관장님, 김진하 사무국장님, 강화만사성 장승효 선생님, 지리산국립공원공단 경남사무소 하동분소 조봉근 주무관님, 한국학중앙연구원 장서각, 국립중앙박물관, 남해군청 등에도 감사의 인사를 드린다. 또한, 금표에 대한 답사를 진행하며 함께 다양한 에피소드를 경험했던 이건일 형님, 박경남 선생님, 김환대 선생님을 비롯해 출입이 제한된 지역임에도 촬영할 수 있게 도와주신 이재완 예천박물관장님과 북한산국립공원사무소, 산림청 춘천국유림관리소, 산림청 울진국유림관리소 등에도 지면을 빌려 고마움을 전한다. 마지막으로 답사를 위해 많은 날을 밖에서 보내야 했고, 이번 책의 집필을 위해 물심양면으로 지지해준 아내와 딸 유나에게 이 책을 바친다.

칠보산이 보이는 호매실동의 자택에서

김희태 쓰다

차례

4장

사찰금표

5장

종교·신앙금표

6장

장소·행위 금지 금표

7장

기타 금표

1장

금표의
이해

금표란?

금표(禁標)란 금할 금(禁), 표할
표(標)에서 보듯 행위의 금지를
표식한 것이다. 주로 표석의 형
태나 바위 등에 글자를 새겼는
데, 출입과 이용의 제한을 두는
경우가 많기에 금표의 분류 기준
은 어떤 행위의 금지냐에 따라
달라진다.

바위에 새겨진 금표(禁標), 서울 사릉 석물 채석장 터

송금(松禁)
(서울 경천군 이해룡 사패지
송금비)

금산(禁山)
(화천 동촌 황장금표)

봉산(封山)
(문경 김룡사 금계비)

봉표(封標)
(경주 수렴포 봉표)

현재까지 확인된 금표 가운데 가장 많은 수를 차지하는 건 산림 관련 금표로, 이 중 나무와 관련된 금표의 비중이 다수를 차지한다. 이러한 산림 자원을 보호하기 위한 다양한 흔적들이 ▶송금(松禁) ▶금산(禁山) ▶봉산(封山) ▶봉표(封標) 등으로 남아 있다.

산림 자원 이외의 금표는 ▶왕실 관련 장소 ▶사찰 ▶제단·신앙 관련 장소 ▶행위 금지 등이 확인되는데, 장소가 가지는 상징성의 측면과 행위 금지의 관점에서 금표의 성격을 구분할 수 있다. 또한, 금표의 실물은 확인되나 추가 명문이나 문헌 자료 등의 부재로 어떤 목적인지 분류하기 어려운 경우가 있다. 그렇기에 금표에 대한 체계적인 분류가 선행되어야 한다. 즉, 목적별로 금표를 분류하고, 그 아래 개별 금표로 재분류하는 방식으로 금표에 대한 세분화가 필요하다.

02 금표의 목적별 분류

앞서 금표 분류의 필요성과 분류에 대해 언급했는데, 이 경우 어디까지를 금표로 볼 수 있는지가 핵심이다. 가령 금표를 행위의 금지로만 규정할 경우 경계석 역시 경계의 구분과 출입 금지의 성격을 포함하기에 넓은 의미에서 금표의 범주에 포함이 될 수 있는 것이다.

하지만 이렇게 되면 금표의 범위가 너무 광범위해지고, 특히 구한말과 일제강점기, 해방 이후에 세운 경계석들이 많이 확인되고 있기에 금표에 포함시키기 보다는 경계석으로 별도 분류하는 것이 바람직하다. 때문에 이번 책에서는 금표의 기준을 금표(禁標)·봉산(封山)·봉표(封標)처럼 당시의 기준으로도 명확한 사례이거나 경계석 이외에 문경 조령 산불됴심 표석처럼 금지의 목적이 확실한 경우로 한정했다. 이렇게 기준을 잡았음에도 전국적으로 꽤 많은 금표가 확인되고 있다.

한편, 분류 작업의 경우 금표의 사전적 의미처럼 이용과 제한의 성격을 표시·구성된 것을 대분류로 잡고, 각각의 목적별로 묶는 중분류 작업이 필요하다. 공통점을 보이는 금표의 목적을 분류해보면 크게 ▶왕실금표 ▶산림금표 ▶사찰금표 ▶제단·신앙 ▶장소 관련 ▶행위금지 ▶기타 등으로 정리할 수 있다. 이렇게 구분된 각각의 중분류에서 하위 개념으로 개별 금표에 대한 소분류로 정리했다.

표 1. 금표의 분류

위의 〈표-1〉은 대분류와 중분류까지 진행된 금표의 분류로, 아래부터는 각각의 중분류에서 개별 금표로 이어지는 소분류의 과정을 표로 정리한 것이다.

왕실금표

표 2. 왕실금표 목록

순번	명칭	소재지	분류
1	화성 외금양계비	경기도 화성시	금표/왕실/왕릉
2	보은 순조 태실 금표	충청북도 보은군	금표/왕실/태실
3	보은 순조 태실 화소	충청북도 보은군	금표/왕실/태실
4	홍성 순종 태실 화소	충청남도 홍성군	금표/왕실/태실
5	영월 철종 원자 융준 태실 금표	강원특별자치도 영월군	금표/왕실/태실
6	영월 청령포 금표비	강원특별자치도 영월군	금표/왕실/왕실장소
7	서울 공덕리 금표	서울특별시	금표/왕실/왕실장소
8	전주 자만동 금표	전라북도 전주시	금표/왕실/왕실장소

화성 외금양계비

보은 순조 태실 금표

보은 순조 태실 화소

홍성 순종 태실 화소

영월 철종 원자 융준 태실 금표   영월 청령포 금표비

서울 공덕리 금표   전주 자만동 금표

   왕실금표는 능원(陵園)이나 태실(胎室)처럼 왕실 관련 장소에 세워진 금표다. 이 중 현재까지 확인된 왕릉 관련 금표는 화성 외금양계비가 유일하다. 반면, 태실 관련 금표(禁標)와 화소(火巢)의 경우 ▶보은 순조 태실 ▶영월 철종 원자 융준 태실 ▶홍성 순종 태실 등에서 찾을 수 있다.

   영월 청령포 금표비는 단종의 유배지인 청령포(淸泠浦)가 왕이 거처한 공간이기에 출입과 벌채 등의 행위를 금지하기 위해 세웠다. 또한, 서울 공덕리 금표는 흥선대원군의 별장인 아소정(我笑亭)이 있는 곳이자 죽은 뒤 자신이 쓸 묏자리가 있던 곳으로, 출입 금지를 알리기 위한 목적으로 세웠다. 마지막으로 전주 자만동 금표는 이목대(梨木臺)가 있는 자만동 일대를 보호하기 위해 세운 금표다.

산림금표

황장금표

표 3. 황장금표 목록

순번	명칭	소재지	분류
1	인제 한계 황장금표	강원특별자치도 인제군	금표/산림/황장
2	강릉 도진산 황장금표	강원특별자치도 강릉시	금표/산림/황장
3	양양 상월천리 금표	강원특별자치도 양양군	금표/산림/황장
4	삼척 사금산 금표	강원특별자치도 삼척시	금표/산림/황장
5	원주 학곡리 황장외금표	강원특별자치도 원주시	금표/산림/황장
6	원주 학곡리 황장금표	강원특별자치도 원주시	금표/산림/황장
7	원주 비로봉 황장금표	강원특별자치도 원주시	금표/산림/황장
8	평창 평안 봉산동계 표석	강원특별자치도 평창군	금표/산림/황장
9	영월 법흥 황장금표	강원특별자치도 영월군	금표/산림/황장
10	영월 두산리 황장금표비	강원특별자치도 영월군	금표/산림/황장
11	화천 동촌 황장금표	강원특별자치도 화천군	금표/산림/황장
12	홍천 명계리 황장금표	강원특별자치도 홍천군	금표/산림/황장
13	울진 소광리 황장봉계 표석 1	경상북도 울진군	금표/산림/황장
14	울진 소광리 황장봉계 표석 2	경상북도 울진군	금표/산림/황장
15	문경 황장산 봉산 표석	경상북도 문경시	금표/산림/황장
16	예천 명봉리 봉산 표석	경상북도 예천군	금표/산림/황장

인제 한계 황장금표

강릉 도진산 황장금표

양양 상월천리 금표

삼척 사금산 금표

원주 학곡리 황장외금표

원주 학곡리 황장금표

원주 비로봉 황장금표

평창 평안 봉산동계 표석

영월 법흥 황장금표

영월 두산리 황장금표비

화천 동촌 황장금표

홍천 명계리 황장금표

울진 소광리 황장봉계 표석 1

울진 소광리 황장봉계 표석 2

문경 황장산 봉산 표석

예천 명봉리 봉산 표석

산림금표의 분류는 어떤 산림 자원을 보호하는지에 따라 달라진다. 가령, 황장금표의 경우 금강송으로 불리는 황장목(黃腸木)을 보호하기 위해 세운 금표로, 전체 산림금표 가운데 가장 많은 16곳의 사례가 확인되고 있다. 지역별 분포를 보면 ▶울진 소광리 황장봉계 표석(1, 2) ▶문경 황장산 봉산 표석 ▶예천 명봉리 봉산 표석 등 경상북도 북부 지역에서 확인되는

4곳을 제외하면 남은 12곳의 황장금표는 모두 강원특별자치도에서 확인된다. 이러한 황장금표의 분포는 황장목의 자생 지역과도 무관하지 않다.

향탄금표

표 4. 향탄금표 목록

순번	명칭	소재지	분류
1	영암 건릉 향탄 금호 표석	전라남도 영암군	금표/산림/향탄
2	문경 김룡사 금계비	경상북도 문경시	금표/산림/향탄
3	대구 수릉 봉산계 표석	대구광역시	금표/산림/향탄
4	대구 수릉 향탄금계 표석	대구광역시	금표/산림/향탄
5	경주 불령봉표	경상북도 경주시	금표/산림/향탄
6	경주 시령봉표	경상북도 경주시	금표/산림/향탄
7	경주 수렴포봉표	경상북도 경주시	금표/산림/향탄
8	의성 연경묘봉표	경상북도 의성군	금표/산림/향탄

영암 건릉 향탄 금호 표석

문경 김룡사 금계비

대구 수릉 봉산계 표석

대구 수릉 향탄금계 표석

경주 불령봉표

경주 시령봉표

경주 수렴포봉표

의성 연경묘봉표

산림금표의 분포 중 두 번째로 높은 비중을 차지하는 것은 향탄금표다. 향탄목(香炭木)은 능(陵)·원(園)·묘(墓)[01]등의 제사에 쓸 향과 숯의 재료가 되는 나무로, 수종은 향나무와 참나무다. 향탄목을 보호하기 위해 향탄봉산(香炭封山)으로 지정한 뒤 경계에 향탄금표를 세웠다. 현재까지 확인된 향탄금표는 총 8곳으로 지역별 분류를 보면 영암 건릉 향탄 금호표석을 제외한 7곳이 대구·경북에서 확인되고 있다. 이 중 문경 김룡사 금계비를 제외한 6곳의 봉표는 연경묘(延慶墓)와 관련이 있는데 ▶경주 불령·시령·수렴포 봉표 ▶대구 수릉봉산계·수릉향탄금계 표석 ▶의성 연경묘 봉표 등이다.

기타 산림금표

표 5. 기타 산림 금표 목록

순번	명칭	소재지	분류
1	구례 내동리 진목봉계 각석	전라남도 구례군	금표/산림/진목
2	구례 내동리 율목계 각석	전라남도 구례군	금표/산림/율목
3	정선 강릉부 삼산봉표	강원특별자치도 정선군	금표/산림/삼산
4	인제 산삼가현산 서표 1	강원특별자치도 인제군	금표/산림/삼산
5	인제 산삼가현산 서표 2	강원특별자치도 인제군	금표/산림/삼산
6	함안 벽소령 봉산정계	경상남도 함안군	금표/산림/기타
7	광주 산성리 금림조합비	경기도 광주시	금표/산림/기타
8	충주 미륵리 봉산 표석	충청북도 충주시	금표/산림/기타

정선 강릉부 삼산봉표

인제 산삼가현산 서표 1

인제 산삼가현산 서표 2

함안 벽소령 봉산정계

구례 내동리 진목봉계 각석

구례 내동리 율목계 각석

광주 산성리 금림조합비

충주 미륵리 봉산 표석

   기타 산림금표 중 구례 내동리 피아골 계곡에서 율목(栗木, 밤나무)과 진목(眞木, 참나무) 관련 봉표가 확인되어, 해당 지역이 율목봉산(栗木封山)과 진목봉산(眞木封山)으로 지정되었음을 알 수 있다. 또한, 나무 이외 임산물을 보호하기 위해 봉표를 세운 사례도 확인되는데, 대표적으로 산삼 관련 봉표가 있다. 현재까지 확인된 산삼 관련 금표는 총 3곳으로, 정선 강릉부 삼산봉표와 인제 산삼가현산 서표(1, 2) 모두 강원특별자치도에서 확인되고 있다.

한편, 지리산 벽소령 대피소 인근에서 바위에 새겨진 '봉산정계(封山定界)' 각석이 확인되었다. 이를 통해 과거 벽소령 일대가 봉산(封山)으로 지정된 사실과 봉산의 경계 지점인 것을 알 수 있다. 다만, 어떤 목적의 봉산이었는지는 알 수 없다. 또한, 남한산성의 소나무숲의 보호와 관련 있는 광주 산성리 금림조합비와 목적이 불명확한 충주 미륵리 봉산 표석 등은 기타 금표로 분류했다.

사찰금표

표 6. 사찰금표 목록

순번	명칭	소재지	분류
1	대구 파계사 원당봉산 표석	대구광역시	금표/사찰/왕실사찰
2	보은 법주사 봉교비	충청북도 보은군	금표/사찰/왕실사찰
3	안동 봉정사 금혈비	경상북도 안동시	금표/사찰/행위금지
4	사천 다솔사 어금혈봉표	경상남도 사천시	금표/사찰/행위금지
5	청주 월리사 폐단금비	충청북도 청주시	금표/사찰/행위금지
6	합천 해인사 금패와 행위 금지 각석	경상남도 합천군	금표/사찰/행위금지
7	양산 통도사 산문금훈주 표석	경상남도 양산시	금표/사찰/행위금지
8	화성 용주사 금연·금주 표석	경기도 화성시	금표/사찰/행위금지
9	양산 팔도승지금지석	경상남도 양산시	금표/사찰/기타
10	영암 무위사 금표	전라남도 영암군	금표/사찰/기타

대구 파계사 원당봉산 표석

보은 법주사 봉교비

안동 봉정사 금혈비

사천 다솔사 어금혈봉표

청주 월리사 폐단금비

합천 해인사 금패와 행위 금지 각석

양산 통도사 산문금훈주 표석

화성 용주사 금연·금주 표석

양산 팔도승지금지석   영암 무위사 금표

 사찰금표는 대개 왕실과 관련이 있는 사찰이거나 사찰 내에서의 행위 금지 등을 목적으로 세워졌다. 가령, 원당사찰이나 태실수호사찰처럼 왕실과 관련 있는 사찰에서 금표가 확인되는데, 대표적으로 ▶대구 파계사 원당봉산 표석 ▶보은 법주사 봉교비가 이에 해당한다. 반면, 사찰과 그 일대의 땅에 무덤을 쓰는 것을 금지하기 위해 세운 금표도 확인되는데, ▶안동 봉정사 금혈비 ▶사천 다솔사 어금혈봉표 ▶청주 월리사 폐단금비 등이 이에 속한다. 또한, 행위 금지 관련 금표도 확인되는데, 합천 해인사 부근으로 옛 무릉교와 홍류동 계곡 등에서 해인사 금패와 행위 금지 관련 각석이 다수 확인되고 있다. 이밖에 ▶양산 통도사 산문금훈주 표석 ▶화성 용주사 금연·금주 표석 등도 행위 금지의 금표로 분류할 수 있으며, ▶양산 팔도승지금지석 ▶영암 무위사 금표 등은 기타 금표로 분류했다.

종교·신앙금표

표 7. 종교·신앙금표 목록

순번	명칭	소재지	분류
1	강화 마니산 참성단 금표	인천광역시 강화군	금표/장소/종교·신앙
2	안동 용수사 금호비	경상북도 안동시	금표/장소/종교·신앙
3	제주 금경산 표석	제주특별자치도	금표/장소/종교·신앙
4	제주 수월봉 영산비	제주특별자치도	금표/장소/종교·신앙
5	제주 추자도 신묘금지비	제주특별자치도	금표/장소/종교·신앙
6	서울 동관왕묘 금잡인 표석	서울특별시	금표/장소/종교·신앙
7	강화 동관제묘 금잡인 표석	인천광역시 강화군	금표/장소/종교·신앙
8	강화 남관제묘 금잡인 표석	인천광역시 강화군	금표/장소/종교·신앙

강화 마니산 참성단 금표

안동 용수사 금호비

제주 입산봉 금경산
금표

제주 수월봉 영산비

제주 추자도 신묘금지비
ⓒ진한용

서울 동관왕묘
금잡인 표석

강화 동관제묘 금잡인 표석　　　　강화 남관제묘 금잡인 표석 ⓒ장승효(강화만사성)

　　종교·신앙 금표는 주로 제단이나 사당 등 신성한 장소에 세워진 금표로, 대표적으로 강화 마니산 참성단 금표가 있다. 참성단(塹星壇)은 단군이 제사를 지낸 장소로 전해져올 만큼 과거부터 신성한 장소로 인식된 곳이다. 또한, ▶안동 용수사 금호비 ▶제주 금경산 표석 ▶제주 수월봉 영산비 ▶제주 추자도 신묘금지비 등도 제단이나 사당 등에 세워진 경우로, 종교·신앙 금표로 분류할 수 있다. 이밖에 관왕묘(關王廟)에 잡인의 출입을 금지한다는 의미의 금잡인(禁雜人) 표석이 세워져 있는데, 현재 ▶서울 동관왕묘 ▶강화 동관제묘 ▶강화 남관제묘 등에서 확인되고 있다.

장소금표

표 8. 장소금표 목록

순번	명칭	소재지	분류
1	사산금표(궁금장)	서울특별시	금표/장표/사산
2	사산금표(궁림장금표)	서울특별시	금표/장소/사산
3	서울 은언군 묘역 사패 금표석	서울특별시	금표/장소/사패지
4	서울 경천군 이해룡 사패지 송금비 1	서울특별시	금표/장소/사패지
5	서울 경천군 이해룡 사패지 송금비 2	서울특별시	금표/장소/사패지
6	용인 금양계 표석	경기도 용인시	금표/장소/금양지

사산금표(궁금장)

사산금표(궁림장금표)

서울 은언군 묘역 사패 금표석

서울 경천군 이해룡 사패지 송금비 1

장소 관련 금표는 특정한 장소
에 대한 보호를 위해 세운 경우
로, 대표적으로 '사산금표(四山禁
標)'가 있다. 사산금표는 한양도
성의 주변으로 장묘 및 벌채, 토
석의 채취 등을 금지하기 위해
세웠다. 사산금표와 관련한 흔적

용인 금양계 표석

중 수유동 보광사 인근에서 확인된 궁금장(宮禁場) 각석과 우이 9곡 중 2
곡인 적취병에 새겨진 궁림장금표(宮林場禁標) 각석 등이 주목된다. 또한,
사패지에 금표를 세운 사례도 확인되는데, 사패지(賜牌紙)란 왕이 공을 세
운 왕족·신하 등에게 내려준 토지로, 관련 금표로는 ▶서울 은언군 묘역

사패 금표 ▶서울 경천군 이해룡 사패지 송금비(1, 2) 등이 있다. 또한, 연안 이씨의 금양지에 세워진 용인 금양계 표석도 주목해볼 만하다.

행위 금지 금표

표 9. 행위금지 금표 목록

순번	명칭	소재지	분류
1	고양 연산군 시대 금표비	경기도 고양시	금표/행위금지/사냥터
2	서울 사릉 석물 채석장 터 부석금표 1	서울특별시	금표/행위금지/부석
3	서울 사릉 석물 채석장 터 부석금표 2	서울특별시	금표/행위금지/부석
4	서울 사릉 석물 채석장 터 금표	서울특별시	금표/행위금지/부석
5	강화 강화읍 금표	인천광역시강화도	금표/행위금지/방생, 재
6	음성 대장리 금표	충청북도 음성군	금표/행위금지/방생, 재
7	부산 효암리 월경전복채취금령 불망비	부산광역시	금표/행위금지/채복
8	제주 애월리 금장비	제주특별자치도	금표/행위금지/장묘
9	제주 곽지리 동중금장	제주특별자치도	금표/행위금지/장묘
10	부산 약조제찰비	부산광역시	금표/행위금지/약조제찰비

고양 연산군 시대 금표비

서울 사릉 석물 채석장 터 부석금표 1

서울 사릉 석물 채석장 터 부석금표 2

서울 사릉 석물 채석장 터 금표

강화 강화읍 금표

음성 대장리 금표

부산 효암리 월경전복채취금령 불망비

제주 애월리 금장비

제주 곽지리 동중금장

행위 금지와 관련한 금표는 비교적 다양한 형태로 확인되고 있다. 가령, 고양 연산군 시대 금표비의 경우 연산군의 폭정을 보여주는 흔적으로, 사냥터를 만든 뒤 출입을 금지하기 위해 세웠다. 또한, 서울 사릉 석물 채석장 터 인근에서 확인된 '사릉부석감역필기(思陵浮石監役畢記)'와 '부석금표(浮石禁標)'를 통해 사릉(思陵)의 석물 제작에 사용된 석재를 채취한 곳이자 조선 후기 왕실의 채석장으로 활용된 곳임을 알 수 있

부산 약조제찰비

다. 이밖에 가축을 놓아 기르는 행위와 재를 뿌리는 것을 금지하기 위해 세운 ▶강화 강화읍 금표 ▶음성 대장리 금표의 사례도 확인되고 있다.

한편, 경상좌병영의 병사들이 월경해 무분별하게 기장군의 전복을 채취한 행위를 금지했음을 보여주는 부산 효암리 월경전복채취금령 불망비도 행위 금지 관련 금표로 분류할 수 있다. 또한, 마을 인근으로 장묘 행위를 금지하기 위해 세운 ▶제주 애월리 금장비 ▶곽지리 동중금장 표석이 확인되고 있다. 마지막으로 초량왜관(草梁倭館)이 있던 용두산 공원에 세워졌던 부산 약조제찰비는 조선과 왜 사이에 맺은 약조로, 왜관의 운영에 관한 다섯 가지 금지[02]사항을 기록한 비석이다. 이는 조선과 왜(倭) 간 문제가 되었던 밀무역과 여러 폐단을 금지하기 위한 성격으로 해석된다.

기타 금표

표 10. 기타 금표 목록

순번	명칭	소재지	분류
1	서울 이윤탁 한글 영비	서울특별시	금표/기타/한글
2	포천 인흥군 묘계비	인천광역시 강화도	금표/기타/한글
3	문경 조령 산불됴심 표석	경상북도 문경시	금표/기타/한글
4	영암 남송리 금표	전라남도 영암군	금표/기타/목적불명

서울 이윤탁 한글 영비

포천 인흥군 묘계비 ⓒ진한용

문경 조령 산불됴심 표석

영암 남송리 금표

　기타 금표의 경우 앞의 분류에서 담지 못한 금표를 중심으로, 크게 한글 금표와 목적 불명 금표로 구분했다. 한글 금표의 경우 ▶서울 이윤탁 한글영비 ▶포천 인흥군 묘계비 ▶문경 조령 산불됴심 표석 등의 사례가 확인된다. 이윤탁 한글 영비는 아들인 이문건(李文楗)이 부친의 묘가 훼손될 것을 염려해 "해당 비석이 영험한 비이니 함부로 쓰러뜨리면 화를 입을 것"이라는 경고문을 한글로 새긴 것이다.

이는 인흥군 묘계비 역시 마찬가지로, 인흥군의 아들인 낭선군(朗善君) 이우(李俁)가 세운 묘계비에 "이 비가 극히 녕검ᄒ니 셩심도 사람이 거오디 말라."는 경고문을 새겼다. 두 비석 모두 무덤을 보호하기 위해 한글로 경고문을 새긴 것이라는 공통점이 있다. 반면 문경 조령 산불됴심 표석의 경우 산불에 대한 경각심과 관련 행위의 금지를 표식한 것이다. 또한, 영암 남송리 금표처럼 어떤 목적으로 세운 것인지 불분명한 사례도 있다.

03 금산(禁山)과 봉산(封山)

'금산(禁山)'은 조선 초기 산림의 보호와 이용을 위해 특별히 사인의 출입과 이용을 제한하기 위해 지정된 산을 뜻한다. 금산의 목적 중 큰 비중을 차지한 것이 송금(松禁) 정책인데, 송금은 나라에서 정한 삼금(三禁)[03] 중 첫 번째였다. 그랬기에 소나무를 보호하고, 무단으로 벌채하는 행위를 엄금했으며 이러한 조치들은 금산의 증가로 이어졌다. 한양의 금산은 사산(백악산·목멱산·낙산·인왕산)을 중심으로 안과 밖은 장묘 및 나무, 토석의 채취 등이 금지했고, 이때 세운 표석이 바로 사산금표다. 그리고 이를 잘 보여주는 개념이 바로 성저십리(城底十里)로, 성저십리는 한성부의 성외 지역을 일컫는 말이다. 실제 서울시 은평구와 노원구 일대에서 집단 분묘가 확인되는 것도 이러한 성저십리의 개념과 무관하지 않다.

서울 이말산 임상궁묘비

내시부 상다 김경량 묘표. 이말산에서 이러한
분묘가 집단으로 확인되는 건 성저십리와 관련
이 있다.

한편, 조선시대의 경우 소나무에 대한 보호와 관리에 신경을 썼는데,
이를 잘 보여주는 것이 '의송산(宜松山)'[04]의 존재다. 의송산은 소나무가 잘
자라는 산이란 의미다. 또한, 봉산이라는 명칭 자체가 '의송산으로 초봉
(抄封)한 산'[05]이란 뜻에서 봉산(封山)으로 불렸다고 보는 견해가 있다. 그
렇기에 금산(禁山)은 숙종 시기에 봉산(封山)으로 변화하며 제도적인 연결
고리를 가지게 된다. 앞서 금산이 주로 송금 정책과 관련이 있었다면, 봉
산의 경우 다양한 형태의 산림 자원을 공급하기 위한 목적으로 시행되었
다. 자연스럽게 봉산의 종류도 여러 가지로 분류되는데, 박봉우는 『봉산
고(1996)』를 통해 봉산의 종류를 ▶황장봉산(香炭封山) ▶율목봉산(栗木封山)
▶진목봉산(眞木封山) ▶선재봉산(船材封山) ▶의송봉산(宜松封山)·의송산(宜
松山)·의송지(宜松地) ▶송전(松田)·송산(松山) ▶봉송산(封松山)·송봉산(松封
山) ▶봉산(封山) ▶삼산(蔘山) ▶향탄산(香炭山) 등으로 분류한 바 있다.

봉산의 지정은 봉상시(奉常寺)[06]에서 작성한 봉산안(封山案)을 토대로 했
으며, 절목(節目)[07]을 작성해 발급했다. 절목에는 봉산의 관리와 규칙을 담
았는데, 『조계산송광사사고』「산림부」를 보면 ▶벌목 시기와 경차관의 파

견 ▶봉산 내 역(役)과 관련한 조정 ▶무단 채벌 시 처벌 규정 ▶봉산 내 장묘, 암장 금지 ▶승려 가운데 도산직(都山直) 임명 ▶화전의 조사와 세금 징수 등의 규정이 있었음을 알 수 있다.

04   금표와 경계석[08]

국립전주박물관의 소장품 중 '창덕궁 금표'로 불리는 표석이 있는데, 전면에 '창덕궁(昌德宮)'이 새겨져 있다. 그런데 관련 안내문을 보면서 고개를 갸우뚱했다. 이유는 이제까지 본 금표의 형태와는 너무 달랐기 때문이다. 오히려 금표보다는 경계석 같아 보인다는 느낌 때문이랄까? 실제 조선 시대에 세워진 금표의 경우 목적과 성격이 명확하게 드러나는 경우가 대부분이다. 반면, 해당 표석의 경우 창덕궁 명문만 확인될 뿐이

서울 창덕궁 돈화문(敦化門)

전주 창덕궁 표석

다. 그렇기에 해당 표석이 발견된 장소를 주목할 필요가 있는데, 창덕궁 표석은 조경단(肇慶壇)[09]이 있는 건지산 일대에서 발견되었기에 조경단과 관련이 있음을 알 수 있다.

그렇다면 표석에 새겨진 창덕궁은 어떤 의미일까? 창덕궁은 왕이 거처하던 궁궐이자 궁에 거처한 왕을 상징하는 용어였다. 이 같은 용어의 사용은 일제강점기 때 확인되는데, 경술국치(國權被奪, 1910) 이후 대한제국 황실은 일제의 왕공족(王公族)으로 편입되었다. 왕공족의 규정은 한일병합조약의 후속 조치 결과로, 해당 조약문의 3조와 4조를 보면 대한제국 황실과 황족에 대해 존칭과 명예를 약속하고, 이에 따른 자금을 세비로 공급할 것을 규정하고 있다. 이에 따라 신설된 왕공족은 일제의 신분질서에서 천황(天皇, てんのう)보다는 아래, 화족(華族)보다는 높은 신분의 지위로 규정되었다.

그 결과 일제강점기 때 대한제국 황실은 이왕가(李王家)로도 불렸으며, 마지막 황제였던 순종은 이왕(李王), 태황제였던 고종은 이태왕(李太王)으로 그 지위가 격하되었다. 또한, 당시 고종이 덕수궁, 순종은 창덕궁에 머물렀기에 고종을 덕수궁 이태왕, 순

전주 조경단 ⓒ이상훈

종을 창덕궁 이왕으로 부르기도 했다.[10]

　창덕궁 표석을 세운 목적은 조경단의 경계가 되는 건지산 일대가 왕실 소유임을 나타내기 위한 것으로 보인다. 추가 명문이 없어 세운 시기를 알 수 없으나 1899년(고종 36) 조경단을 정비하고, 성역화하는 과정에서 세웠을 것으로 추정된다. 또한, 이산(李山) 표석의 사례에서 보듯 일제강점기 때 왕실 소유의 조경단이 있는 건지산 일대의 경계를 구분하기 위해 창덕궁 표석을 세웠을 가능성도 있다. 한편, 창덕궁 표석의 형태는 이산 표석과 매우 유사한데, 부산 장산(萇山)과 아홉산 일원, 예산 가야산(伽倻山) 등에서 집중적으로 확인되고 있다. 이들 지역 중 왕실과의 연관성이 주목되는 장소가 있는데, 바로 예산 가야산 일대에 자리한 남연군의

예산 가야사지, 남연군 묘 주변의 발굴 조사 결과 가야사의 흔적이 확인되었다. ⓒ이기웅

묘다. 남연군은 흥선대원군의 아버지로, 이곳에 남연군의 묘가 있는 건 흥선대원군이 '이대천자지지(二代天子之地)'[11]로 평가되던 가야사(伽倻寺)를 불태운 뒤 1846년(헌종 12) 연천에 있던 남연군묘를 이장했기 때문이다.

이산 표석

가야산 일대의 이산 표석 1 ⓒ이기웅

예산 보광사 이산 표석

가야산 일대의 이산 표석 2 ⓒ이기웅

『매천야록』을 보면 흥선군은 남연군(南延君, 1788~1836)[12]의 막내로, 덕산 대덕사에 이르렀을 때 지사(地師)가 오래된 탑을 가리키며 저곳이 길지

수원 권업모범장 표석   수원 권업모범장 표석(후면)

양산 통도사 국장생 석표(보물)   양산 상천리 통도사 석장생 석표
(울산광역시 유형문화재)

인천 각국조계석   서울 산성정계 각석

라고 평가하자 흥선군은 살림을 팔아 2만 냥을 만들고, 절반에 해당하는 돈을 대덕사 주지승에게 주고 불을 지르게 했다고 한다. 해당 기록에 등장하는 대덕사가 가야사(伽倻寺)로, 조선 중기의 지리지인 『신증동국여지승람』에는 가야산에 가야사가 있다고 기록하고 있다. 또한, 최근 발굴 조사를 통해 가야사지의 실체가 확인되기도 했다. 바로 이러한 가야산 일대에서 이산 표석이 집중적으로 확인되고 있다.[13]

이산 표석 이외에도 부산 해운대 동백섬에서 발견된 박산(朴山) 표석과 수원 구 농촌진흥청의 야외에 전시 중인 권업모범장(勸業模範場)[14] 표석 역시 창덕궁 표석과 유사한 모습이다. 특히, 권업모범장 표석의 경우 후면에 '73'이 새겨져 있어 주목되는데, 숫자의 의미는 권업모범장의 경계에 세운 표석의 번호를 의미하는 것으로 보인다. 이러한 사례들을 볼 때 창

덕궁 표석은 금표보다는 경계석의 의미에 더 부합한다고 보이기에 사찰의 경계를 보여주는 범어사경계표(梵魚寺境界標)[15], 양산 통도사 국장생 석표, 울주 상천리 통도사 국장생 석표, 인천 각국조계석[16], 서울 산성정계(山城之界) 각석[17]의 사례처럼 경계석으로 분류할 필요가 있다.

05   금표와 공유지의 비극

공유지의 비극(Tragedy of the Commons)은 개릿 하딘(Garrett Hardin)이 주장한 이론으로, 산림이나 초원 등의 공유지가 어떻게 훼손되어 가는지를 잘 설명한다. 가령 목초지 중 사유지와 누구나 쓸 수 있는 공유지가 있다고 가정했을 때 대부분은 사유지가 있음에도 공유지로 소와 양을 데리고 나올 것이다. 왜냐하면 공유지는 공짜로 인식되는 데다 더 많은 소와 양을 데리고 나오는 것이 개인에게는 이득이 되기 때문이다. 따라서 공유지를 보존하기 위해서는 제한을 두고 규칙을 정하는 등의 노력이 필요하다. 만약 이러한 적극적인 노력이 없다면 무임승차를 하는 사람들로 인해 시간의 문제일 뿐 공유지가 황폐화되는 것은 피할 수 없다.

뜬금없이 왜 공유지의 비극을 이야기 하냐면 조선시대 산림의 이용은 '산림천택여민공지(山林川澤與民共之)'의 개념이 적용되어 사실상 누구나 사용할 수 있는 공유지였기 때문이다. 그렇기에 원칙적으로 산림의 사적 소유를 금지하는 분위기였으나 시간이 지나며 흐지부지되었고, 산림의 사적 소유는 점차 늘어갔다. 이유는 무덤의 조성과 농지의 개간(開墾)에 있었는데, 관련해 영화 〈고산자, 대동여지도〉에는 산림의 사적 소유에 무덤이 깊게 관여되었음을 보여주는 장면이 있어 주목된다. 내용 중 안

울진 대왕소나무에서 바라본 모습, 우리나라의 산림녹화가 얼마나 잘 진행되었는지를 엿볼 수 있다.

동 김씨들이 김정호로부터 대동여지도 목판을 빼앗기 위해 내민 명분이 목판의 재료가 된 나무가 자신들이 산림을 사적 소유한 땅에서 무단으로 벌채한 것이기에 장물로 만든 목판은 자신들의 소유라는 논리로 빼앗아 가려는 장면을 볼 수 있다.

산림의 사적 소유가 늘어나면서 그나마 남은 공유지로 사람들이 몰려들었다. 때문에 공유 자원이 고갈되고 황폐해지는 악순환이 계속 되었다. 상황이 이렇다 보니 왕실에서 필요로 하는 산림 자원을 확보하기 위해서도 정책적으로 산림에 대한 보호가 필요했다. 그 결과 송금정책을 시작으로 금산(禁山), 봉산(封山) 등의 제도가 등장하게 된 것이다. 또한, 산림의 훼손과 황폐화를 그대로 두고 볼 수 없기에 국가차원에서 나무를 심고 무단으로 베어낼 경우 처벌을 강화하는 등의 대책을 세웠지만 큰 효과는 없었다. 왜냐하면 당시 산림은 백성들에게 생존수단[18]이었기 때문이다. 산림의 황폐화는 여러 요인들이 겹쳤는데, 인구의 증가와 더불어 일제강점기와 한국전쟁 등을 거치면서 그나마 남아 있던 나무마저도 찾기 어려운 지경이었다. 결국 산림을 복원하기 위해서는 나무를 심는 것에 그치는 것이 아니라 나무를 덜 사용하는 환경을 만들어야 했다.

한편, 전 세계에서 성공적으로 평가받는 우리나라의 산림녹화는 박정희 정부가 들어서며 일대의 전환점을 맞게 된다. 산림법의 제정과 함께 산림녹화의 전초기지가 될 산림청이 만들어진 것도 이때다.[19] 또한, 기적

수원 영신연와. 벽돌을 생산하던 공장으로, 주거에 있어서도 나무 대신 벽돌이 이용되었고, 지금은 시멘트가 그 자리를 차지했다.

의 나무로 불리며 산림녹화를 상징했던 '리기테다 소나무'는 향산(香山) 현신규(玄信圭, 1911~1986) 박사[20]가 개량한 품종으로, 리기다 소나무와 테에다 소나무를 교배해 만들었다. 리기테다 소나무는 척박하고, 추운 환경에서도 잘 자랐기에 우리나라의 산림녹화 환경에 있어 잘 맞는 나무였다. 또한, 1971년 그린벨트(green belt. 개발제한구역)로 지정되며 산림의 보호에 큰 영향을 미쳤다. 결정적으로 산림녹화에 성공할 수 있었던 근본 원인은 에너지 자원의 변화에 있다. 당시 석탄이 대중화되면서 더는 나무를 연료로 사용하지 않게 되었다. 또한, 주거에 있어서도 벽돌과 시멘트가 대중화되면서 과거처럼 나무를 사용할 이유가 사라졌던 것이다.

때문에 산림녹화가 잘 진행된 지금은 예전처럼 생존을 위해 산림을 바라보진 않는다. 이제는 패러다임(paradigm)의 변화를 통해 심는 것 이상으로 숲의 안정적 관리와 활용이 더 중요한 시대다. 또한, 이러한 산림의 보호에 있어 금표는 이용 목적에 따라 일부 차이가 있지만 과거 산림 보호 정책의 단면을 보여준다는 점에서 주목된다.

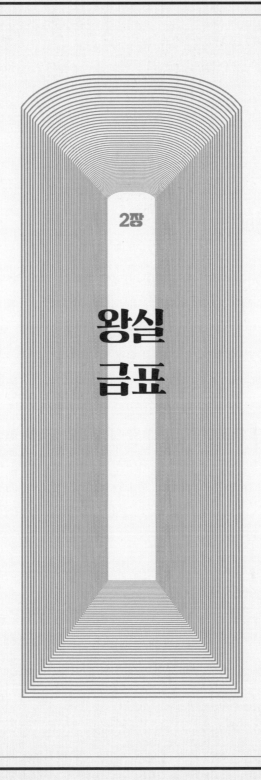

2장

왕실
금표

화성 외금양계비

　화성 외금양계비(外禁養界碑)는 관항1리에서 태봉산[21]으로 올라가는 등산로 상에 있는데, 왕릉 관련 금표로는 유일하게 실물이 남아 있다. 외금양계비의 존재는 지난 2004년에 확인되었는데, 《경인일보》의 보도에 따르면 조선 후기 산림 행정 자료로 가치를 높게 평가받았으며, 경기도 문화재로 지정·보호해야 한다는 주장이 있기도 했다.[22] 또한, 『문화유적분포지도: 화성시(2006)』에서도 희귀한 금석문으로 평가되었음에도 그간 비지정 문화재로 방치되어 있다가 2023년 8월 22일에 화성시 향토문화재로 지정·고시되었다.[23] 외금양계비는 『일성록(日省錄)』[24]을 통해 세운 시기와 배경 등을 알 수 있으며, 현륭원의 화소와 외금양의 규모를 보여주는 자료다. 이러한 외금양계비를 이해하기 위해서는 먼저 현륭원의 조성 과정에 대해 이해할 필요가 있다.

영우원 천봉과 수원 화성[25]

　사도세자가 뒤주에서 비극적인 죽음을 맞았던 임오화변(壬午禍變. 1762)은 뜻하지 않은 역사의 나비효과를 불러왔다. 지금의 융릉이 현 위치로 옮겨지는 과정에서 그 자리에 있던 수원부의 읍치가 새로 옮겨져 건설되었는데, 이렇게 조성된 곳이 바로 수원 화성이다. 사도세자는 영조와 영빈 이씨의 소생으로 이름은 선(愃)으로, 1735년(영조 11) 1월 21알 창경궁(昌慶宮) 집복헌(集福軒)에서 태어났다. 사도세자는 태어난 지 불과 1년 뒤에 세자로 책봉[26]되었는데, 당시 영조는 "삼종(三宗)[27]의 혈맥이 장차 끊어지려 하다가 비로소 이어지게 되었으니, 지금 다행히 돌아가서 열성조(列聖祖)에 배알(拜謁)할 면목이 서게 되었다. 즐겁고 기뻐하는 마음이 지극하니, 그 감회 또한 깊다."며 기뻐했다.[28]

사도세자가 태어난 창경궁 집복헌(集福軒)

사실 영조가 이런 반응을 보인 것에는 이유가 있었다. 1694년(숙종 20) 생인 영조는 사도세자가 태어나기까지 후계자가 없는 상태였다. 이때 영조의 나이가 마흔 살을 넘겼기에 사도세자가 태어났을 때 영조가 보인 위의 반응은 진심으로 사도세자의 탄생을 기뻐하고, 기다렸음을 보여주는 대목이다. 물론 사도세자 이전에 아들이 없었던 것은 아니다. 영조는 연잉군(延礽君) 시절인 1719년(숙종 45) 당시 첩(妾)이었던 정빈 이씨와의 사이에서 효장세자(孝章世子, 1719~1728)가 태어났다. 영조에게 있어 첫 아들이었던 효장세자는 영조가 왕으로 즉위한 뒤 경의군(敬義君)으로 봉해지고, 이후 세자로 책봉되었다. 하지만 효장세자는 1728년(영조 4) 11월 16일에 창경궁 진수당(進修堂)에서 세상을 떠났다.

이처럼 영조의 기대 속에 태어난 사도세자였지만 성장 환경이 좋지 못했다. 태어난지 불과 백일이 지났을 무렵 생모와 떨어져 저승궁(儲承宮)으로 보내졌다. 특히 저승궁의 궁녀들 중 중 상당수가 경종을 모셨기에[29] 사도세자의 정서적 발달에 좋지 않은 영향을 미쳤다. 여기에 더해 아들에 대한 과도한 기대를 품

영조의 어진

었던 영조는 점차 사도세자를 부정적으로 인식하기 시작했고, 이는 실망과 질책으로 이어졌다. 그런데 영조는 단순한 실망을 넘어 사실상 사도세자에 대한 정신적 학대를 자행했다. 이러한 영조의 지속적인 학대로 인해 사도세자는 정신 질환[30]을 앓게 되면서 정상적인 생활이 어려운 상태였다. 이렇듯 부자간의 갈등은 봉합되지 못한 채 임오화변(壬午禍變)이라는 파국을 향해 치닫게 된 것이다. 그간 임오화변에 대해서는 당쟁의 희생으로 보는 시각이 적지 않았으나 근래에는 영조와 사도세자 간 갈등에 더 무게를 두고 있는데, 정병설 교수의 『권력과 인간(2012)』과 이를 바탕으로 제작한 영화 〈사도〉가 대표적이다.

사도세자의 죽음에 결정타를 가한 것은 세손(世孫)[31]의 존재였다. 사도세자와 달리 영조의 기대에 부응했던 세손의 존재는 사도세자의 지위를 위태롭게 했다. 영조의 입장에서 사도세자가 있는 상태에서 세손으로의

창경궁 문정전(文政殿). 임오화변의 비극이 담긴 현장이다.

왕위 계승은 사실상 불가능했다. 이러한 분위기에서 영빈 이씨는 자신의 아들에 대한 처분을 직접 고해야 했고, 혜빈[32]은 세손에게 "나와 네가 지금까지 보전할 수 있는 것은 오직 성상 때문이며 우러러 의지하고 목숨을 맡길 분도 오직 성상뿐이다."[33]라고 언급

이천보의 묘. 영의정이던 이천보는 사도세자의 평양 원유사건으로 인해 좌의정 이후와 우의정 민백상 등과 함께 자결했다.

하고 있다. 결과적으로 사도세자를 포기하는 대신 세손을 보호하는 방향으로 선회한 것이다. 이 때문에 영조와 사도세자의 갈등 속에 평양 원유사건(1761)과 나경언의 고변(1762) 등으로 드러난 사도세자의 기행은 명분이 되어 임오화변으로 표면화되었다.

한편, 임오화변 직후 세손의 지위도 불안했는데, 당시 정순왕후 김씨의 오빠인 김한록(金漢祿)이 퍼뜨린 '죄인지자불가승통(罪人之子不可承統)'[34]

가평 이천보 고가와 연하리 향나무

화령전 운한각(雲漢閣)

을 통해 알 수 있다. 사도세자의 죽음과 관련이 있던 인사들 사이에서는 정조의 왕위 계승이 본인들에 대한 숙청으로 이어질 것을 염려했다. 그 결과 홍인한을 위시한 노론의 입장에서 세손으로의 왕위 계승은 후폭풍을 생각하지 않을 수 없었을 것이다. 영조 역시 이러한 상황을 염려해 세손의 왕위 계승에 문제가 되지 않도록

운한각(雲漢閣)에 봉안된 정조의 표준 영정

세손을 사도세자의 아들이 아닌, 죽은 맏아들인 효장세자의 아들로 입적하는 조치를 취했다.

그 결과 정조는 사도세자의 아들이 아닌 효장세자의 아들로 왕위에 올라야 했다. 이는 정조에게 있어 부친의 죽음을 목격한 것도 모자라 혈연

파주 영릉(永陵). 추존 진종과 효순왕후 조씨의 능이다.

관계까지 부정당해야 했던 아픔이었다. 그랬기에 정조에게 아버지 사도세자는 일종의 부채 의식으로 이해되기도 한다. 1776년(영조 52) 영조가 승하한 뒤 정조는 왕위에 올랐는데, 이때 정조는 "과인은 사도세자의 아들이다."라고 말한다. 그런데 대부분의 사람들은 이 앞의 구절만 언급하는데, 정조는 뒤이어 "선대왕께서 종통(宗統)의 막중함을 위하여 나에게 효장세자

화성 융릉(隆陵). 사도세자가 추존되기 이전에는 현륭원(顯隆園)으로 불렸다.

현륭원 비. '조선국 사도장헌세자 현륭원(朝鮮國 思悼莊獻世子 顯隆園)'이 새겨져 있다.

융릉의 능비. '대한 장조의황제 융릉 헌경의황후 부좌(大韓 莊祖懿皇帝 隆陵 獻敬懿皇后 附左)'가 새 겨져 있다.

(孝章世子)의 뒤를 이으라고 명하셨다."고 말한다. 그런 뒤 선대왕의 유교가 있으니 사도세자의 추숭(追崇)을 언급하지 않도록 명했다.[35] 정조는 효장세자를 진종(眞宗)으로 추존했는데, 이는 자신의 즉위 정당성을 보여주기 위함이었다. 이렇게 법적인 아버지를 추존함으로써 뒷말이 나오지 않도록 단속한 뒤 본격적으로 생부인 사도세자의 명예를 회복하기 위해 관심을 쏟았다.

이전까지 사도세자의 무덤은 수은묘(垂恩墓)[36]로 불렸으나, 정조는 즉위 후 사도세자를 장헌세자(莊獻世子)로, 수은묘를 영우원(永祐園)으로 높였다. 사실 정조의 본심은 사도세자를 왕으로 추존하고 싶어 했으나 이는 영조의 유교에 반했기에 불가능했다. 정조는 영우원을 수원부의 화산(花山)으로 옮겼는데, 1789년(정조 13) 박명원(朴明源, 1725~1790)[37]의 상소를 받아들이는 방식으로 진행했다. 이렇게 영우원이 천봉되며 기존의 수원부를 대신할 새로운 수원이 만들어지게 되는데, 지금의 유네스코 세계유산인 수원 화성이다. 또한, 이렇게 옮겨진 영우원은 현륭원(顯隆園)으로 이름이 바뀌었다.

한동안 현륭원으로 불리던 사도세자의 무덤은 고종 때에 이르러 변곡점을 맞게 된다. 1899년(고종 36) 9월 1일에 고종은 장헌세자를 장종(莊宗)으로, 혜경궁 홍씨를 헌경왕후(獻敬王后)로 추존했다. 또한, 1899년 12월 7일에 장종을 장조의황제(莊祖懿皇帝)로, 헌경왕후를 헌경의황후(獻敬懿皇后)로 재추존했다. 그 결과 기존의 현륭원은 융릉(隆陵)으로 불리게 되었다. 정조는 아버지 사도세자를 높이기 위해 자신이 할 수 있는 모든 것을 다했는데, 이는 융릉의 규모와 석물의 배치 등을 보면 알 수 있다. 당시만 해도 융릉은 능(陵)이 아닌 원(園)으로 격으로 보면 한 단계 낮았다. 하지만 동시기 다른 왕릉들에 비해 석물의 규모와 수준은 더 높았다.

수원 화성, 화서문과 서북공심돈

화성행궁 봉수당

표 11. 능, 원의 석물 배치와 현륭원[38]

	능(陵)	원(園)	현륭원(융릉)
문석인	2기(한 쌍)	2기(한 쌍)	2기(한 쌍)
무석인	2기(한 쌍)	–	2기(한 쌍)
석마	4기(두 쌍)	2기(한 쌍)	2기(한 쌍)
석양	4기(두 쌍)	2기(한 쌍)	2기(한 쌍)
석호	4기(두 쌍)	2기(한 쌍)	2기(한 쌍)

또한, 정조는 기존 계획보다 봉분의 크기를 더 큰 32척으로 조성했다. 가장 두드러지게 확인되는 부분은 병풍석(屛風石) 및 와첨상석의 존재다. 봉분에 병풍석을 두른 것은 파주 장릉(長陵)[39] 이후 처음인데, 이는 난간석만 두른 동시기의 왕릉들과는 대조를 이룬다.

융릉의 봉분

와첨상석

이밖에 〈표-11〉에서 보듯 현륭원의 석물 배치는 일반적인 원소와 차이를 보이는데, 가장 큰 특징은 무석인의 존재로, 왕실의 묘제에서 무석인은 능(陵)에만 조성되었다. 원(園)에 무석인이 있는 사례는 현륭원이 유일하기에 이 같은 석물의 배치는 의도를 담고 있다고 볼 수 있다.

또한, 현륭원의 비각은 최초부터 2칸[40]의 형태로 만들었는데, 이는 추

채 피지 못한 연꽃은 마치 사도세자의 생애를 닮
은 듯하다.

융릉의 비각, 최초부터 2칸으로 조성된 것이
특징이다.

융릉의 능침

후 현릉원이 왕릉으로 추복될 것을 고려한 것으로 보는 견해가 있다는 점을 고려해보면 현릉원은 명칭만 원(園)일 뿐, 실제로는 왕릉의 격으로 조성했다고 보는 것이 옳다.

문석인 1

문석인 2

석마 1

석마 2

무석인 1

무석인 2

혼유석

| 석양 1 | 석양 2 |

| 석호 1 | 석호 2 |

융릉의 봉분과 장명등

망주석 1 　　　　　　　　　　　　　　　　망주석 2

현륭원의 화소(火巢)와 외금양(外禁養)[41]

현 융릉과 건릉의 규모는 과거
와 비교해 많은 차이가 있는데,
이를 이해하기 위해서는 '화소(火
巢)'와 '외금양(外禁養)'에 대해 알
아야 한다. 화소란 능이나 태실
로 불이 번지는 것을 막기 위해
경계 지점에 불에 타기 쉬운 나
무와 잡풀 등의 발화 요인을 제

황계동 마을 입구에 복원된 능원소화소 표석. 표석의 전면에 '화소(火巢)'가 새겨져 있다.

거한 일종의 완충지대다. 『정조실록』과 『일성록(日省錄)』을 보면 현륭원 화
소의 바깥으로 외금양(外禁養)을 두었는데, 금양(禁養) 지역으로 설정되면

나무의 벌채와 농지의 개간, 무덤 조성 등이 금지되었다. 즉, 현륭원의
경계 바깥으로 지정된 일종의 그린벨트라고 볼 수 있다.

『수원부지령등록』에 기록된 현륭원의 화소 구간은 다음과 같다.[42]

① 안녕면(安寧面) 독지촌(禿旨村)[43] 뒤의 끝에서, 남쪽으로 세람평(細藍坪)을 경유, 석곶이
   [石串][44] 모퉁이를 지나 남산(南山) 끝
② 성황산(城隍山)[45] 뒤 끝에서부터 서쪽을 향해 내려가 초봉(草峰)을 따라 앞으로, 고서문
   (古西門)[46] 전석현

『일성록』에는 현륭원의 외금양으로 설정된 지역이 확인되는데, ▶홍범
산(洪範山) ▶태봉산(泰峰山) ▶하남산(下南山) ▶상남산(上南山) ▶봉조봉(鳳鳥
峯)[47] ▶노적봉(露積峯)[48] ▶독산산성(禿山山城) ▶양산(陽山)[49] ▶필봉(筆峯) 등
이다. 위의 기록을 종합해보면 최초 현륭원의 화소와 외금양은 아래 〈그
림-1〉과 같이 설정되었음을 알 수 있다.

돌고지 표석, 석곶이로 추정된다.

안녕리 표석, 안녕면 독지촌의 흔적이다.

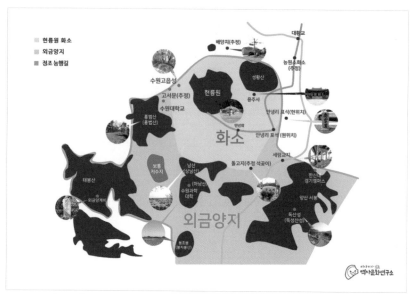

[그림 1] 현륭원 조성 당시 화소와 외금양지 ©이야기가 있는 역사문화연구소

오산 독산성에서 바라본 융릉과 건릉, 눈에 보이는 현장이 화소와 외금양지에 속했다.

한편, 건릉(健陵)이 조성되면서, 기존의 외금양으로 설정된 지역 일부가 화소 구간으로 편입되었는데, 그 내용은 다음과 같다.

> "초봉(草峯)에서부터 와우현(臥牛峴)·홍범산(洪範山)·금당암(金堂巖)·봉조봉(鳳鳥峯)을 거쳐 외남산(外南山)에 이르는 곳까지를 전부 원소(園所)에 소속시키고, 형제동(兄弟洞)에서부터 성황산(星皇山)·대황교(大皇橋)·작현(鵲峴)·안녕리(安寧里)를 거쳐 세람교(洗藍橋)에 이르는 곳까지를 전부 능소(陵所)에 소속시켰습니다"
>
> – 『일성록』 1800년(순조 즉위년) 10월 22일 중[50]

또한, 건릉이 조성되면서 현륭원 때보다 더 넓어진 화소의 경계에 표

오산 독산성. 기록에서 확인되는 독산산성이다.

석을 세웠는데, 『건릉지』에는 ▶세람교(細藍橋) ▶홍범산 들머리 ▶하남산 ▶배양치에 화소 표석을 세운 것으로 확인된다. 이렇게 화소 구간이 확대 되면서 기존 외금양에 속했던 ▶홍범산[51] ▶하남산 ▶상남산 등이 화소 구 간으로 편입되었고, 자연스럽게 보통리와 황구지천의 바깥쪽에 있던 ▶ 태봉산 ▶양산 서봉 ▶독산산성 ▶노적봉 ▶필봉 등은 외금양으로 남게 되는데, 아래 〈그림-2〉가 건릉의 조성과 함께 변화된 화소와 외금양을 보여주고 있다.

[그림 2] 건릉 조성 이후 화소와 외금양지 변화 ⓒ이야기가 있는 역사문화연구소

화소 표석과 관련해 주목해볼 흔적 중 정조 능행길에 세워진 표석이 있 다. 『화성지』와 『수원군읍지』에는 필로(蹕路)[52] 위에 18기의 표석과 11기의 장승을 세웠음을 알 수 있다. 이 중 능원소화소(陵園所火巢) 표석이 주목되 는데, 『화성지』와 『수원군읍지』를 보면 해당 표석의 전면에 '화소(火巢)'가

새겨져 있었음을 알 수 있다. 능원소화소 표석의 존재는 능행길의 표석인 동시에 현륭원의 화소와 관련이 있는 것으로 추정되는데,「화성전도」를 보면 대황교 건너 필로의 서편, 즉 성황산과 필로 사이가 현륭원의 화소 경계였음을 보여준다. 또한,『건릉지』에 기록된 화소 표석 중 위치가 확인되는 곳은 세람교(細藍橋)[53]로, 발굴 조사 과정에서 출토된 봉학교비(鳳鶴橋碑)[54]와 세람교 석재가 한신대학교 박물관과 야외에 전시 중이다.[55]

봉학교비(鳳鶴橋碑)와 세람교 석재

한편, 설정된 외금양의 수목 관리에도 신경을 썼다.『일성록』에는 정조가 조심태(趙心泰, 1740~1799)에게 태봉산이 홍범산처럼 울창해지려면 어느 정도의 시간이 소요될지에 대해 묻자 조심태가 2~3년 정도가 걸릴 것이라고 답했는데,[56] 당시 태봉산 일대가 황폐해져 있었다는 사실을 알 수 있다. 또한, 홍범산은 외금양에 해당했으나 산 아래 인가가 많아 수목의 금양에 어려움을 겪었다는 조심태(趙心泰)의 보고도 있었다.[57]

외금양계비의 조성 배경과 목적

외금양계비(外禁養界碑)는 화강암 재질의 전면에 '외금양계(外禁養界)'가 새겨져 있다. 외금양계비의 조성 과정은 『일성록』을 통해 알 수 있는데, 1798년(정조 22) 2월 19일에 장용대장 조심태가 정조에게 현륭원 영(顯隆園 令) 서직수(徐直修)의 말을 보고한다. 서직수는 태봉산 아래에 사는 신광린(申光隣)이 올린 정소(呈訴)[58]를 전했는데, 그 내용은 다음과 같다.

관항1리에서 태봉산 정상으로 올라가는 등산로 상에 위치한 화성 외금양계비

"한 번 원소 밖에서 금양한 뒤로는 산 주변에 사는 백성들이 비록 무덤이 있더라도 감히 봉금(封禁)한 곳에 간섭하지 않았습니다. 그런데 봉금하는 데에 또한 온 힘을 쏟지 않으니 촌백성들이 갖가지로 외람되이 범하므로 숲이 울창하게 우거질 가망이 전혀 없습

외금양계비와 문화재지킴이 활동

화성 외금양계비

니다. 지금부터 시작하여 상(上)·중(中)·하(下)의 민호(民戶)가 계(契)를 만들어 계중(契中)에서 엄히 과조(科條)를 세워 금단(禁斷)하고, 만일 범하는 자가 있으면 그 죄가 중할 경우에는 관(官)에 고하여 징계하여 다스리고 가벼울 경우에는 계를 따라 벌을 시행하여 실효를 거둘 수 있게 하소서."

-『일성록』1798년(정조 22) 2월 19일 중[59]

조심태는 이러한 신광린의 정소에 대해 일리가 있다고 봤다. 그래서 우선 그대로 시행은 하되 원소 밖을 금양하는 것을 동계(洞契)에만 맡기는 것은 소중한 분[60]을 중시하는 방도가 아님을 언급하며, 정조에게 다음과 같이 상소했다.

속히 본부(本府)로 하여금 산허리 아래에 금표와 표석을 새겨서 세우게 하고, 또 현륭원 영으로 하여금 지금 나무를 심는 때에 금석(禁石) 사이에 소나무와 잡목(雜木)을 줄지어 심어 여러 겹으로 둘러싸서 경계를 표지(標識)할 수 있도록 한다면 대소(大小)의 촌민이 아마도 징계를 받을까 두려워할 바를 알 것이니 감히 멋대로 범하지 않을 것입니다" 이 내용으로 거조(擧條)를 내어 유수(留守) 및 현륭원 영에게 통지하여 절목(節目)을 만들어 거행하게 하는 것이 어떻겠습니까?"

-『일성록』1798년(정조 22) 2월 19일 중[61]

이러한 조심태의 의견을 정조가 받아들이며 외금양계비가 세워졌던 것이다. 이처럼 외금양계비는 세워진 목적과 시기를 알 수 있고, 현재까지 확인된 유일한 왕릉 관련 금표라는 점에서 그 의미가 남다르다.

태실(胎室)은 아이 밸 태(胎)와 집 실(室)에서 보듯 길지에 태를 묻는 장태 문화이자 궁중의례다. 과거 우리 조상들은 태를 소중히 여겼는데, 조선왕실의 경우 길지에 태를 묻고, 그 위에 비석과 석물 등을 세우는 방식으로 태실을 조성했다.

> 《태장경(胎藏經)》에 이르기를, '대체 하늘이 만물(萬物)을 낳는데 사람으로써 귀하게 여기며, 사람이 날 때는 태(胎)로 인하여 장성(長成)하게 되는데, 하물며 그 현우(賢愚)[63]와 성쇠(盛衰)가 모두 태(胎)에 매여 있으니 태란 것은 신중히 하지 않을 수가 없다.'
>
> – 『문종실록』 권3, 1450년(문종 즉위년) 9월 8일 중[64]

세종대왕자 태실 태(胎) 봉안 행렬 재현

현재까지 확인된 태실 중 가장 오래된 사례는 김유신의 태실이다. 『삼국사기』를 보면 김유신(金庾信, 595~673)의 태실의 만노군(萬弩郡)[65], 지금의 충청북도 진천군의 태령산 정상에 있다는 기록이 있는데, 실제 김유신의 태실을 비롯해 태어난 장소로 전하는 담안밭 등이 남아 있다.

담안밭. 김유신의 탄생지로 전해지는 곳으로, 큰 담에 있어 붙여진 명칭이라고 한다.

태령산 정상에 자리한 김유신의 태실

또한, 『고려사』에서도 태실의 조성 기록이 확인되고 있으며, 과거시험 중 잡업·지리업(地理業) 과목에 태장경(台藏經)이 있는 점 역시 고려 때도 태실이 성행했음을 보여준다. 다만 고려의 태실은 사료에서는 확인이 되지만, 인종 태실을 제외하면 구체적 실증 사례가 확인된 바 없다.[66]

조선왕실의 태실은 조성 기록과 과정, 석물 등이 잘 남아 있어 앞선 신라·고려의 태실과는 확연한 차이를 보인다. 조선시대의 태실은 신분에 따라 규모와 석물의 배치 등이 달랐는데, 다음 〈표-12〉를 보면 신분에 따른 태실의 규모를 알 수 있다.

표 12. 신분에 따른 태실의 규모[67]

	금표(禁標)	수직(守直)	가봉(加封)
1등급지(왕)	300보	○	○
2등급지(대군)	200보	×	×
3등급지(공주·군·옹주)	100보	×	×

왕의 태실은 1등급지로 분류되어 금표의 범위가 사방 300보이며, 이를 관리할 수직이 배치되었다. 가봉 태실은 원칙적으로 왕에 한해 조성이 되었으나, 예외적으로 초기에 왕비의 태실(영주 소헌왕후 태실, 예천 폐비 윤씨 태실)이 가봉된 적이 있으며, 후기에는 세자의 신분으로 가봉된 사도세자 태실의 사례가 있다.

영주 소헌왕후 태실

예천 폐비 윤씨 태실

예천 사도세자 태실

반면 왕비 소생의 대군의 경우 2등급지로 분류되어 금표의 범위가 사방 200보이며, 공주나 후궁 소생의 군, 옹주 태실의 경우 3등급지로 금표의 범위가 사방 100보로 규정되었다. 왕자, 왕녀 태실의 경우 별도의 수직은 없었으며, 가봉되지 않았다. 따라서 태실의 외형은 왕의 태실인 가봉 태실과 왕자·왕녀의 태실인 아기씨 태실로 구분되며 그 형태는 아래와 같다.

영천 인종 태실(가봉태실)

청주 인성군 태실(아기씨 태실)

한편, 태봉의 형태는 정앙(鄭秧)이 육안태(六安胎)에 기록된 내용을 언급한 부분에서 알 수 있다.

서산 명종 태실의 태봉

"땅이 반듯하고 우뚝 솟아 위로 공중을 받치는 듯 하여야만 길지
(吉地)가 된다."[68]

－『세종실록』 1436년(세종18) 8월 8일 중

또한, 『태봉등록』에 언급된 지형 중 태실지를 중심으로 주변에 내맥(來脈)이 없고, 좌청룡과 우백호, 안산 등이 마주 보는 곳이 없는 곳을 태실의 길지로 보았다.[69]

성주 세종대왕자 태실의 태봉(모형)

한편, 능원이나 태실 등을 조성할 때 화소(火巢)를 설치했는데, 화소의 경계를 보여주는 자료 중 『소령원도(昭寧園圖)』 중 「화소정계

소령원(昭寧園)은 영조의 사친인 숙빈 최씨(淑嬪崔氏, 1670~1718)의 무덤이다.

도(火巢定界圖)」가 주목되는데, 해당 자료에서 소령원의 화소 경계를 붉은색 선으로 그려진 것을 볼 수 있는데,[70] 주봉(主峯)을 중심으로 사방 20리를 표시했다. 또한, 화소 경계의 기준점과 관련해 『승정원일기』의 기록이 주목되는데, 윤순이 영조에게 "국릉(國陵)의 화소(火巢)는 반드시 후맥(後脈) 산봉우리의 높고 험준한 곳을 기점으로 합니다."라

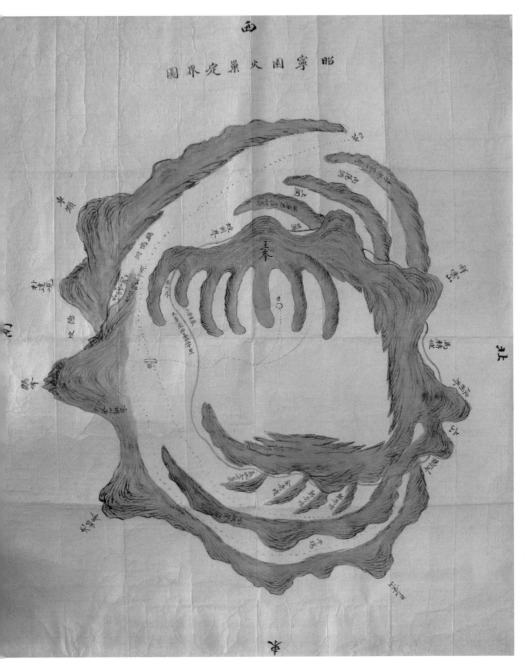

보물 『숙빈 최씨 소령원도(昭寧園圖)』 「화소정계도(火巢定界圖)」 ⓒ한국학중앙연구원

고 말하고 있어 화소의 기준점이 산봉우리 인 것을 알 수 있다.[71]

보은 순조 태실의 금표와 화소[72]

보은 순조 태실. 가봉비와 장태 석물이 잘 남아 있다.

순조(純祖, 재위 1800~1834)는 정조와 수빈 박씨(綏嬪 朴氏, 1770~1822)의 소생으로, 1790년(정조 14) 7월 19일에 창경궁 집복헌(集福軒)에서 태어났다. 이름은 공(玜)으로, 그의 재위 기간은 세도정치의 시작과 홍경래의 난(1811)을 비롯한 삼정(三政)[73]의 문란으로 촉발된 민란의 시대였다. 이러한 순조의 태실은 속리산에 자리하고 있는데,『정조실록』을 보면 1790년(정조 14)에 보은현(報恩縣) 속리산(俗離山) 아래에 있는 을좌신향(乙坐辛向)의 자리로 정했음을 알 수 있다.

순조 태실의 금표, 전면에 '금표(禁標)', 후면에 '서(西)'가 새겨져 있다.

순조의 즉위 이후인 1806년(순조 6)에 태실에 대한 가봉이 이루어졌다. 지금도 가봉비와 장태 석물이 잘 남아 있다. 가봉비의 전면에 '주상전하 태실(主上殿下胎室)' 후면에는 '가경십일년십월십이일건(嘉慶十一年十月十二日建)'이 새겨져 있다. 가경 11년은 1806년(순조 6)으로, 순조의 재위 중 만들어졌음을 알 수 있으며, 『순조태실석난간조배의궤』의 내용과도 일치하고 있다. 당시 200보였던 금표의 범위를 재 측량한 뒤 300보에 맞추어 금표를 세웠는데, 이때 세운 금표가 지금도 남아 있다. 해당 금표[74]의 전

「순조태봉도」 속 순조 태실
ⓒ한국학중앙연구원 장서각

순조 태실

「순조태봉도」 속 문장대
ⓒ한국학중앙연구원 장서각

문장대

「순조태봉도」 ⓒ한국학중앙연구원 장서각

「순조태봉도」 속 법주사
ⓒ한국학중앙연구원 장서각

법주사

보은 법주사 하마비(下馬碑)

보은 법주사 화소(火巢)

면에 '금표(禁標)', 후면에는 '서(西)'가 새겨져 있어 태실의 서쪽 경계에 세운 것임을 알 수 있다.

한편, 한국학중앙연구원 장서각에 소장 중인 「순조태봉도」를 보면 순조 태실을 중심으로, 속리산의 지형과 문장대(文藏臺), 법주사(法住寺)가 상세히 그려져 있다. 법주사는 순조 태실의 수호사찰로, 이는 법주사 경내에서 확인되는 하마비와 화소 표석을 통해 알 수 있다. 순조 태실의 하마비와 화소 표석은 전면에 '하마비(下馬碑)', 후면에는 '화소(火巢)'가 새겨져 있다.

○ 사찰에 하마비가 있는 이유는?

남양주 봉선사 하마비

영천 은해사 하마비

대구 파계사 하마비

하마비(下馬碑)란 이곳부터는 말에서 내려 걸어가라는 의미로, 보통 궁궐·향교·서원처럼 유교적 건축물에 세워졌다. 반면, 드물지만 사찰에 하마비가 있는 사례도 있는데, 이는 해당 사찰이 왕실과 관련이 있기 때문이다. 가령 남양주 봉선사(奉先寺)에 하마비가 있는 이유는 봉선사가 광릉(光陵)[75]의 원찰이기 때문이다.

실제 봉선사에는 정희왕후 윤씨(貞熹王后 尹氏, 1418~1483)가 세조(世祖, 재위 1455~1468)의 명복을 빌며 발원한 것으로 전하는 봉선사 동종이 전하고 있다.

봉선사 동종(보물)

남양주 봉선사

대구 파계사에 하마비가 있는 이유 역시 파계사가 왕실과 관련이 있는 사찰임을 보여준다. 파계사는 영조의 탄생과 관련한 이야기가 전하는데, 숙종이 왕자가 태어나도록 현응조사(玄應祖師)에게 기도해줄 것을 요청했고, 백일기도 끝에 태어난 아들이 영조라고 전해진다. 이밖에 파계사에 선왕의 위패를 봉안했다고 하는데, 이는 왕실과의 연관성을 보여주는 자료이자 당시 유림으로부터 사찰을 보호하기 위한 성격으로 이해된다. 파계사 원통전(圓通殿) 관음보살상에서 영조가 착용한 것으로 추정되는 도포가 발견된 것도 당시 파계사의 위상을 보여주는 단면일 것이다. 한편, 영천 은해사 경내에 하마비가 있는 이유 역시 인근 태실봉의 정상에 인종의 태실이 있기 때문이다.

홍성 순종 태실의 화소 표석

대구 달성공원 인근에 조성된 순종의
동상[77]

한국사의 마지막 군주인 순종(純宗, 재위 1907~1910)은 고종과 명성황후 민씨(明成皇后 閔氏, 1851~1895)의 소생으로, 1874년(고종 11) 3월 25일 창덕궁(昌德宮) 관물헌(觀物軒)에서 태어났으며, 이름은 척(坧)이다. 1907년 일제는 헤이그 특사 사건을 빌미로 고종을 강제 퇴위시키고, 순종을 다음 황제로 세웠다. 자신의 의지와는 상관없이 황제로 즉위한 순종의 시대는 이미 나라의 국운이 기울대로 기운 상태였다. 그렇게 이름뿐인 황제였던 순종의 치세에 경술국치(庚戌國恥, 1910년 8월 29일)[76]가 있었고, 그렇게 대한제국은 멸망했다.

이러한 순종 태실의 위치는 '충청남도

순종의 태봉이 있던 자리

『순종태실도』속 순종 태봉
ⓒ한국학중앙연구원 장서각

『순종태실도』ⓒ한국학중앙연구원 장서각

홍성군 구항면 태봉리 366-38번지'로, 현재 태실이 있던 태봉산은 훼손
된 상태다.[78]

한편, 한국학중앙연구원 장서각에 소장 중인 『순종태실도』에는 순종

화소 표석에서 바라본 태실지

화소 표석, 순종 태실의 유일한 흔적이다.

태실이 묻힌 태봉의 모습이 그려져 있는데, 앞선 왕들과 달리 태실가봉(胎室加封)이 이루어지지 않은 모습이다. 이는 태실 가봉이 있기 전 나라가 망했기 때문으로, 이후 1928년부터 전국의 태실 39개소가 경성 수창동 이왕직 봉상시(奉常寺)에 신축된 봉안실로 옮겨졌는데, 이때 순종의 태실도 옮겨져 임시 보관되었다. 그러다 1930년 4월 15~17일까지 현 서삼릉으로 태실이 옮겨졌는데, 순종의 태실은 4월 16일에 매안되었다.[79]

현재 순종의 태실이 있던 태봉은 흔적도 없이 사라졌고, 태실 관련 석물 역시 과거 구항초등학교 교정에 태함의 개석으로 추정되는 석물이 남아 있었으나 이후 학교의 신축 공사 과정에서 땅에 묻은 것으로 전한다. 따라서 현재 순종 태실의 유일한 흔적은 화소 표석뿐이다.

서삼릉으로 옮겨진 순종 태실

○ 순종의 유릉(裕陵)

순종은 1926년 4월 26일 창덕궁 흥복헌(興福軒)에서 세상을 떠났는데, 순종의 인산일에 6·10 만세운동이 있었다. 고종과 명성황후 민씨의 홍릉(洪陵) 옆에 자리한 순종의 유릉(裕陵)은 3명이 합장된 동봉삼실릉(同封三室陵)으로, 순종 이외에 순명효황후 민씨(1872~1904)와 순정효황후 윤씨(1894~1966)가 함께 묻혔다. 또한, 홍릉과 유릉은 전통적인 조선왕릉과는

유릉(裕陵)의 전경

다른 형식의 능으로, 황제의 예법에 맞춰 웅장하게 조성되었다.

제향 공간의 경우 기존 정자각(丁字閣)으로 불리던 '丁'자 형태가 아닌 '一'자 형태의 침전인 것을 볼 수 있으며, 제향 공간으로 향하는 향로(香路)와 어로(御路)의 경우 기존에는 2도로 조성된 반면 홍릉과 유릉은 3도로 조성되었다.

문석인 1   문석인 2   무석인 1   무석인 2

기린석 1

기린석 2

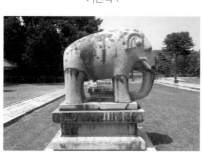

코끼리석 1

코끼리석 2

사자석 1

사자석 2

해태석 1

해태석 2

낙타석 1

낙타석 2

마석 1

마석 2

마석 3

마석 4

유릉의 능침

장명등

홍릉(洪陵)의 향로(香路)와 어로(御路), 3도로 조성된 것을 볼 수 있다.

건릉(健陵)의 향로(香路)와 어로(御路), 전통적인 조선왕릉은 2도 형태인 것 볼 수 있다.

망주석 1

망주석 2

혼유석

또한, 석물의 경우 기존에는 능침에 조성되었으나, 홍릉과 유릉은 침전의 앞쪽 참도의 좌우로 '문석인·무석인·기린석·코끼리석·사자석·해태석·낙타석·마석' 순서로 배치되어 있다. 유릉의 능침은 크게 병풍석과 와첨상석, 난간석 등을 두른 봉분을 중심으로, 뒤로 봉분을 보호하기 위한 곡장이 설치되어 있다. 봉분의 앞쪽으로 혼유석과 장명등이 세워져 있으며, 좌우로 망주석 한 쌍이 자리하고 있다.

영월 철종 원자 융준 태실의 금표

영월 철종 원자 융준 태실의 위치는 '강원특별자치도 영월군 주천면 신일리 산356번지'에 있는 망산으로, 현지 안내문의 명칭은 철종 왕세자 태실[80]이나 서삼릉으로 옮겨진 태실 앞 비석에는 '철종왕자태실(哲宗王子胎室)'이라 새겨져 있다.

영월 철종 원자 융준 태실의 안내문. 융준은 왕세자로 책봉된 적이 없기에 왕세자 태실로 표기한 것은 오류다.

서삼릉으로 옮겨진 융준의 태실. 비의 전면에 '철종왕자태실(哲宗王子胎室)'이 새겨져 있다.

이융준(李隆俊, 1858~1859)은 철종과 철인왕후 김씨의 소생으로, 1858년에 창덕궁(昌德宮) 대조전(大造殿)에서 태어났다. 태어난 이후 원자로 봉해졌지만 1859년(철종 10)에 세상을 떠났다.[81] 융준의 태실은『승정원일기(承政院日記)』와『원자아기씨안태등록(元子阿只氏安胎謄錄)』등을 통해 1859년(철종 10) 2월 25일에 강원도 원주부 주천면 복결산 아래 조성된 것을 알 수 있다.[82] 현재 융준 태실이 있던 자리에는 태함의 개석이 노출되어 있다.

한편, 망산으로 올라가는 입구에는 금표비가 세워져 있는데, 전면에는 '금표(禁標)', 후면에는 '함풍구년이월일(咸豊九年二月日)'이 새겨져 있어 함풍[83] 9년인 1859년

태함의 개석이 일부 노출이 되어 있다.

영월 철종 원자 융준 태실지

영원 철종 원자 융준 태실의 금표, 전면과 후면

(철종 10) 9월에 세웠음을 알 수 있어 해당 금표비가 융준의 태실과 관련 있음을 알 수 있다.

03 왕실 관련 장소 금표

영월 청령포 금표비[84]

조선의 왕들 가운데 단종(재위 1452~1455)의 인지도는 높은 편으로, 소설과 사극, 영화 등의 단골 소재로 등장하고 있다. 이러한 단종의 흔적 중 영월 장릉(莊陵)과 청령포(淸泠浦) 등이 유명한데, 단종과 영월은 떼려야 뗄 수가 없는 관계다. 이는 『일성록』에 기록된 영월부사 이경오(李敬五)가 상소한 내용에서도 알 수 있다.

> "본부는 본래 읍치 내의 민가가 겨우 100호이고 산에 의지하고 물가에 있는 보잘 것 없고 가난한, 도내의 일개 작은 현으로 무인년 이후에 부(府)로 승격되었습니다. 선침(仙寢)과 태봉(胎封)을 10리 안에 모시고 있고, 매죽루(梅竹樓)가 행궁(行宮)과 같으며, 청령포(淸泠浦)에 또 비각(碑閣)이 있어서 이례(吏隷)와 양민을 막론하고 늘 이곳을 수호하고 경계하는 것이 다른 고을에는 없는 중대한 임무입니다."
>
> – 『일성록』 1799년(정조 23) 3월 14일 중

태봉, 정조 태실

선침, 영월 장릉

매죽루, 현 자규루

청령포 비각, 현 단묘재시유지비각

위에 언급된 영월 땅에 있는 선침(仙寢)은 단종의 능인 장릉(莊陵)이며, 매죽루(梅竹樓)의 다른 이름은 자규루(子規樓)다. 자규루는 영월의 객사인 관풍헌(觀風軒) 옆에 자리하고 있는데, 홍수로 인해 서강의 물이 범람하자 단종은 청령포를 떠나 관풍헌으로 처소를 옮겼다.

이 무렵 단종은 자규루에 올라 자신의 심경을 담은 자규사(子規詞)를 남겼다고 하는데, 그 내용은 다음과 같다.

영월 관풍헌(觀風軒)

자규루에 걸려 있는 매죽루(梅竹樓) 현판

자규사(子規詞), 자규루에 오르면 볼 수 있다.

달 밝은 밤 두견새 울제(月白夜蜀魂啾)

시름 못 잊어 **樓**머리[85]에 기대었노라(含愁情依樓頭)

네 울음 슬프니 내 듣기 괴롭도다(爾啼悲我聞苦)

네 소리 없었던들 내 시름 없었을 것을(無爾聲無我愁)

세상에 근심 많은 분들에게 이르노니(寄語世上苦榮人)

부디 춘삼월엔 자규루에는 오르지 마오(愼莫登春三月子規樓)

또한, 매죽루(梅竹樓)가 행궁(行宮)과 같다는 말은 단종이 매죽루, 즉 자규루가 있는 관풍헌에 머물렀기에 임금이 머문 관풍헌을 행궁과 같다고 표현한 것이다. 마지막으로 청령포의 비각(碑閣)은 영조가 친필을 내린 단묘재본부시유지비각(端廟在本府時遺址碑閣)으로, 이를 통해 영월에 남아 있는 단종의 흔적을 수호하고, 경계하는 것이 다른 고을에는 없는 중요한 임무인 것을 이경오의 상소를 통해 알 수 있다.

영월 땅에 남겨진 단종의 흔적

단종의 비극적인 죽음과 관련해 다양한 시각으로 바라볼 필요가 있다. 문종이 승하할 당시 어린 나이였던 단종은 아직 정치적 기반이 완성되지 않은 상태였다. 이 경우 왕이 장성할 때까지 대비 혹은 왕비에 의해 수렴청정(垂簾聽政)이 이루어지는 것이 일반적이었다. 하지만 단종의 경우 할머니인 소헌왕후 심씨(昭憲王后 沈氏, 1395~1446)와 어머니 현덕왕후 권씨(顯德王后 權氏, 1418~1441) 모두 세상을 떠난 상태였다.

관우물지 표석. 소릉이 훼손된 후 바다에 버려진 현덕왕후 권씨의 관이 도착했다고 전해지는 곳으로, 이곳에 우물이 생기면서 관우물지라 불리게 되었다고 한다.

소릉(昭陵)의 석물. 안산에 있었던 현덕왕후 권씨의 소릉은 세조의 즉위 이후 훼손되었고, 지금은 일부 석물만 남아 있다.

때문에 고명대신(顧命大臣)이었던 김종서(金宗瑞, 1383~1453)와 황보인(皇甫仁, 1387~1453) 등은 단종을 옹립한 뒤 본격적으로 왕실의 인척들을 견제했다. 당시 장성한 세종의 왕자들 중 단연 위험한 인물은 수양대군(首陽大君)이었다. 예상대로 수양대군 일파는 계유정난(癸酉靖難, 1453)을 일으켜 조정을 장악했다. 이후 계속된 압박 속에 단종은 1455년(단종 3)에 상왕으로 물러나야 했다.

논산 성삼문 선생 묘

대전 박팽년 선생 유허지

영주 금성대군 신단

이후 사육신이 주도한 '상왕복위운동'이 실패로 끝나며, 그 여파는 단종에게 미치게 된다. 결국 단종은 노산군으로 강봉된 뒤 영월로 유배를 가야 했다. 그러나 여기서 끝이 아니었다. 다시 금성대군(錦城大君, 1426~1457)과 순흥부사 이보흠(李甫欽) 등이 단종의 복위를 도모했으나 실패로 끝나면서, 결국 단종은 비극적인 죽음으로 생을 마감하게 된 것이다.

단종의 죽음과 관련해서는 상이한 기록들이 존재한다. 『세조실록』의 경우 단종이 스스로 목을 매어 자살했다고 기록하고 있으나 『숙종실록』에는 사약을 가지고 온 금부도사 왕방연이 차마 단종에게 이 같은 사실을 말하지 못하자

단종의 시신을 수습하는 엄흥도. 훗날 엄흥도는 공조판서(工曹判書)로 추증되고, 충의공(忠毅公)의 시호를 받게 된다.

엄흥도의 사당인 문경 충절사(忠節祠)

장릉 내 위치한 엄흥도의 정려

함께 따라온 공생(貢生)에 의해 교살되었다고 기록하고 있다.

한편, 단종의 시신은 버려진 채 방치되었고, 이때 시신을 수습한 엄흥
도에 의해 무덤이 조성되었음에도 한동안 무덤의 행방을 알지 못한 점

영월 장릉 경내에 자리한 배식단과 장판옥

영월 장릉(莊陵)

을 고려하면 정황상 『숙종실록』의 기록이 맞을 가능성이 높다. 행방이 묘연했던 노산군의 묘는 1541년(중종 36) 영월군수로 온 박충원(朴忠元, 1507~1581)에 의해 확인되었다. 이후 박충원은 제문(祭文)을 지어 묘소에 올렸는데, 그 내용 가운데 "왕실의 원자로서 어리신 임금이었네, 청산의 작은 무덤 만고의 쓸쓸한 혼이로다."라는 내용이 있다. 때문에 영월 장릉의 능역에는 단종의 시신을 수습했던 엄홍도의 정려각(旌閭閣)과 묘를 찾은 박충원의 사연이 새겨진 낙촌기적비(駱村紀績碑)가 있다.

박충원의 사연이 새겨진 낙촌기적비(駱村紀績碑)

이 때문일까? 영월 장릉은 일반적인 조선왕릉의 형태와는 차이가 있는데, 보통은 능침과 정자각이 일직선상으로 바라보는 것에 비해 장릉의 경우 정자각의 전면이 능침의 옆면을 바라보는 모습이다. 또한, 봉분과 곡장 간의 간격이 짧고 석물 역시 일반적인 왕릉의 배치와는 차이가 있다. 가령, 무석인이 없는 것과 석마·석양·석호가 한 쌍인 점이 그렇다. 이는 애초 왕릉으로 조성된 것이 아님을 보여준다.

청령포에 금표비가 세워진 이유는?

청령포 금표비를 이해하기 위해서는 단종의 복권 과정을 살펴볼 필요가 있다. 우선 우리가 부르는 단종(端宗)은 묘호(廟號)[86]로, 통상 왕이 승하하면 다음 왕에 의해 붙여지는 것이 관례였다. 하지만 영월 땅에서 세상을 떠날 당시 단종은 왕이 아닌 노산군이었기에 묘호를 받지 못했고, 1698년(숙종 24) 숙종에 의해 왕으로 추복된 뒤에야 묘호를 받을 수 있었다.

사천 傳 단종 태실지

이에 따라 자연스럽게 단종과 관련 장소의 재조명이 이루어질 수 있었고, 그 결과 기존 노산군 묘로 불리던 무덤은 장릉(莊陵)으로의 능호 변천이 있었던 것이다. 또한, 영조 때 실전된 단종의 태실을 찾아 수개(修改)했는데, 현 '사천 傳 단종 태실지(사천 인성대군 태실 및 단종 태실 석물)'[87]다. 지금도 태실지에는 당시 가봉했던 석물 일부가 남아 있다.

중앙태석

귀롱대석

태실비 전면　　　　　　　　　　　태실비 후면

　이처럼 단종의 복권은 유배지였던 영월에도 변화를 가져오게 되는데, 이를 잘 보여주는 흔적이 청령포에 세워진 금표비다. 청령포를 가기 위해서는 지금도 배를 타고 건너야 하는데, 지형상 육지 속의 섬이란 표현이 무색하지 않을 정도로 고립된 형상이다. 이러한 청령포에 금표비가 세워지게 되는데, 『매산집(梅山集)』에 기록된 "이서청령포금표비육자 즉도

단종의 유배지인 청령포

백윤양래소위건야(書淸泠浦禁標碑六字 卽道伯尹陽來所爲建也)"와 『관암전서(冠巖全書)』에 기록된 "각왈청령포금표비 즉고판서윤양래소립운(刻曰淸泠浦禁標碑 卽古判書尹陽來所立云)"을 통해 영월부사 윤양래(尹陽來)가 세운 것임을 알 수 있다.

| 청령포 금표비의 전면, 청령포금표(淸泠浦禁標)가 새겨져 있다. | 금표비의 옆면, 숭정구십구년병오십월일립(崇禎九十九年丙午十月日立)이 새겨져 있다. | 금표비의 후면, '동서삼백척 남북사백구십척 차후니생역재당금(東西三百尺 南北四百九十尺 此後泥生亦在當禁)'이 새겨져 있다. |

한편 청령포 금표비의 전면에는 '청령포금표(淸泠浦禁標)', 옆면에는 '숭정구십구년병오십월일립(崇禎九十九年丙午十月日立)'이 새겨져 있어, 숭정 99년[88]인 1726년(영조 2) 10월에 금표를 세웠음을 알 수 있다. 또한, 후면에는 '동서삼백척 남북사백구십척 차후니생역재당금(東西三百尺 南北四百九十尺 此後泥生亦在當禁)'이 새겨져 있다. 이를 통해 청령포 금표의 경계 범위가 동서 300척, 남북으로 490척이며, 청령포 주변으로 진흙이 퇴적된 곳까지 포함되었음을 알 수 있다.

단종어소와 절을 하는 모습의 소나무

　따라서 청령포에 금표비가 세워진 이유는 단종이 왕으로 추복되면서,
청령포는 더 이상 유배지가 아닌 왕이 거처했던 장소가 되었기 때문이
다. 그랬기에 백성들의 출입과 벌채 등의 행위 등을 금지하기 위해 금표
비를 세웠던 것이다. 이러한 청령포 금표비의 존재는 단종의 복권 이후
관련 현장들이 어떻게 변화하고 인식되었는지를 잘 보여주고 있다.

서울 공덕리 금표

서울 공덕리 금표의 위치는 '서울특별시 마포구 공덕동 467-2번지'로, 공덕역 3번 출구에서 멀지 않은 곳이다. 공덕리 금표를 이해하기 위해서는 아소정(我笑亭)을 이해해야 한다. 아소정은 흥선대원군이 머문 별장이자 훗날 아소정에서 여흥부대부인 민씨와 흥선대원군이 세상을 떠난 뒤묘가 조성된 곳이다. 『승정원일기』[89]를 보면 아소정을 공덕리 본궁으로 부르고 있고, 이미 묘를 쓰기 위해 봉표(封標)를 해두었음을 알 수 있다.

공덕리 금표. 비의 전면에 '동치경오팔월일 공덕리금표 한일백이십보(同治庚午八月日 孔德里禁標 限一百二十步)'가 새겨져 있다.

공덕리 금표는 인근에 아소정이 있어 출입을 금지하기 위해 세운 금표로, 비의 전면에 '동치경오팔월일 공덕리금표 한일백이십보(同治庚午八月日 孔德里禁標 限一百二十步)'이 새겨져 있다. 명문을 통해 공덕리 본궁이라 불렸던

아소정 터 표석

아소정이 있는 곳이기에 120보 거리에 금표를 세웠음을 알 수 있으며, 이곳부터 출입을 금지한다는 의미로 해석된다. 또한, 동치(同治)는 청나라 황제인 목종(穆宗, 동치제)의 연호로, 경오년은 1870년에 해당한다. 따라서 공덕리 금표는 1870년(고종 7) 8월에 세운 것임을 알 수 있다.

한편, 동도중학교와 서울디자인고등학교에 아소정 터였음을 알리는 표석이 있으며, 아소정 건물 중 일부가 서울 봉원사(奉元寺)로 옮겨졌다고 한다.

○ 공덕리 금표와 흥선대원군(興宣大院君)

흥선대원군(興宣大院君, 1820~1898)은 조선 후기의 굵직한 사건마다 그 이름이 등장할 만큼 큰 영향을 미친 인물이자 지금도 평가가 엇갈리고 있다. 흥선군이 아직 종친에 불과하던 시절 조선은 세도정치의 폐해로 인한 백성들에 대한 수탈이 심화되던 시기였다. 이때 민란의 주요 원인 중 삼정의 문란이 있다. 삼정은 전정(田政)·군정(軍政)·환정(還政)[90] 등의 조

동학농민운동이 촉발된 고부관아 터

진주농민항쟁기념탑

세 제도로, 탐욕으로 촉발된 진주농민항쟁과 동학농민운동 등이 있게 된 배경이 되었다.

　이러한 상황에서 철종(哲宗, 재위 1849~1864)이 세상을 떠났다. 철종에게는 뒤를 이을 아들이 없었기에 차기 왕의 지명은 왕실의 가장 큰 어른이던 왕대비(王大妃) 신정왕후 조씨(神貞王后, 1808~1890)에 의해 결정되었다. 신정왕후는 흥선군의 차남인 명복(命福)을 자신의 양자로 삼아 왕으로 세웠는데, 바로 고종(高宗, 재위 1864~1907)이다.

서울 운현궁(雲峴宮), 흥선대원군의 사저다.

　고종이 왕위에 오른 뒤 흥선군은 대원군(大院君)에 봉해지며, 국태공(國太公)의 지위에 올랐다. 이때부터 흥선대원군으로 불렸는데, 조선 역사상 처음으로 살아있는 이가 대원군[91]이 된 사례다. 흥선대원군은 섭정을 통해 고종의 재위 기간 초반 권력의 핵심으로 부상했다. 『매천야록(梅泉野錄)』[92]을 보면 1864년(고종 1)부터 십 년간의 섭정 기간 동안 '대원위분부(大院位分付)'라는 글자로 명이 시행되었음을 알 수 있는데,[93] 이는 흥선대원군의 권세가 얼마나 대단했었는지를 보여주는 사례다. 권력의 정점에 있었던 흥선대원군은 여러 개혁 조치들을 시행했다.

안동 도산서원과 병산서원, 서원철폐령에서 살아남은 47곳에 포함된 서원이다.

정치의 경우 비변사(備邊司)를 혁파하고, 의정부(議政府)와 삼군부(三軍府)를 통해 왕권을 강화했다. 또한, 그의 집권 기간 중 서원철폐가 이루어졌는데, 전국의 47곳의 서원을 제외한 모든 서원이 훼철되었다. 이와 관련해 재미있는 기록이 있는데, 『매천야록』을 보면 이 같은 조치에 대해 유생들이 반발하며, 대궐 문밖에 엎드려 상소를 올렸지만 이런 유생들을 바라보던 양식 있는 이들은 비웃었다고 한다.[94] 하지만 모든 개혁 조치가 성공적인 것은 아니었다.

무리하게 경복궁을 중건하려 한 점은 논란이 되었는데, 임진왜란 때 불탄 경복궁을 중건하기 위해서는 천문학적인 돈이 필요했다. 그랬기에

경복궁 근정전(勤政殿)

부자들을 대상으로, 기부 형태의 '원납전(願納錢)'을 받았는데, 이 과정에서 파산자가 속출했다. 때문에 원망하며 바친다는 의미의 '원납전(怨納錢)'이라 불리기도 했다. 이밖에 ▶문세전(門稅錢) ▶신낭전(腎囊錢) ▶수용전(水用錢) 등의 여러 명목의 세금을 거두었으며, 무리하게 당백전(當百錢)을 발행하는 등의 부정적 평가도 있다.

또한, 프랑스는 병인박해(丙寅迫害, 1866)을 빌미로 조선을 침략했는데, 이를 병인양요(丙寅洋擾)라고 한다. 이 여파로 강화도 외규장각에 있던 의궤가 약탈되었고, 지난 2011년에서야 영구임대 방식으로 우리에게 돌아올 수 있었다. 이외에도 미국이 조선을 침략한 신미양요(辛未洋擾, 1871)가 있는 등 지속적으로 열강들의 개항 요구가 있었지만, 흥선대원군은 쇄국

강화 정족산성

강화 외규장각. 병인양요 당시 이곳에 있던 의궤가 프랑스 군에게 약탈당했다.

강화 초지진

초지진에 남겨진 대포 자국. 신미양요 당시의 흔적이다.

으로 일관했다. 이를 잘 보여주는 문화재가 척화비(斥和碑)로, 비문의 내용은 '양이침범 비전칙화 주화매국(洋夷侵犯 非戰則和 主和賣國)'으로 서양의 오랑캐가 침범하니 싸우지 않고, 화친을 이야기하는 것은 나라를 팔아먹는

홍성 척화비

예산 척화비

용궁 척화비

장기 척화비

창녕 척화비

구미 척화비

덕진진 경고비.
외국 선박의 통과를 금하는 비로, 흥선대원군 시
절의 쇄국정책의 단면을 잘 보여준다.

것을 공개적으로 언급하고 있다. 그리고 주 명문 옆에는 '계아만년자손 병인작 신미립(戒我萬年子孫 丙寅作 辛未立)'이 새겨져 있는데, '만년에 이르는 동안 자손들은 이를 경계하라, 병인년에 쓰고, 신미년에 세운다.'로 해석된다. 이러한 척화비는 지금도 전국 곳곳에서 확인이 되고 있으며, 강화 덕진돈대에는 척화비와 유사한 성격의 덕진진 경고비가 세워져 있다.

 하지만 흥선대원군의 권력은 오래가지 못했다. 고종이 친정을 하면서 흥선대원군의 섭정은 십 년 만에 막을 내렸다. 권력에서 물러났지만 이후로도 역사적 사건마다 흥선대원군의 존재감은 거침이 없었다. 1882년 (고종 19) 별기군(別技軍)과 차별을 두는 것에 반발해 구식군대가 일으켰던 임오군란(壬午軍亂)을 수습하기 위해 잠시나마 흥선대원군은 권력을 되찾았다. 하지만 청나라의 이홍장(李鴻章, 1823~1901)이 마건충(馬建忠)을 보내 흥선대원군을 납치해 청나라로 끌고 갔다. 이후 조선으로 다시 돌아왔지만 여전히 권력 의지를 놓지 못했고, 일련의 일들로 인해 고종과의 사이도 틀어져 부자간에는 냉랭한 기운이 감돌았다. 그러던 1898년(고종 35) 2월에 흥선대원군이 세상을 떠났는데, 장례식에 아들인 고종이 참석하지 않았다.

 흥선대원군의 묘는 '경기도 남양주시 화도읍 창현리 산 22-73번지'에 있는데, 흥원(興園)으로도 불린다. 최초 흥선대원군의 묘는 아소정 인근에 있었으나, 1908년 1월 파주군

남양주 흥선대원군 묘

으로 이장[95]되었고, 이후 현 위치
로 옮겨졌다. 흥선대원군 묘에서
주목해서 볼 부분은 비석의 상단
으로, '대한헌의대원왕(大韓獻懿大
院王)'[96]이 새겨져 있다. 흥선대원
군 사후 고종에 의해 대원왕으로
추증되었고, 이에 따라 흥선대원

신도비에 새겨진 '대한헌의대원왕(大韓獻懿大院王)'

군의 시호는 '흥선헌의대원왕(興宣獻懿大院王)'이 되었다. 이처럼 흥선대원
군을 바라보는 시각은 저마다 엇갈리지만 그럼에도 한 시대를 풍미했던
인물이자 존재감을 드러낸 것만은 틀림이 없다.

전주 자만동 금표[97]

전주의 대표적인 관광지인 한옥마을 주변으로 조선 왕실과 관련이 있
는 장소들이 많이 남아 있다. 대표적으로 태조의 어진이 봉안된 전주 경
기전(慶基殿)과 전주 이씨의 시조인 이한의 묘가 있는 조경단(肇慶壇), 태

태조 어진

전주 경기전

조 이성계가 황산대첩(荒山大
捷, 1380)에서 승리 후 개경으
로 돌아가는 길에 연회를 베푼
장소로 알려진 오목대(梧木臺),
이성계의 4대조 이안사(李安社,
추존 목조)의 유허지인 이목대
(梨木臺) 등이 있다.

육교에서 바라본 자만동

오목대에는 '태조고황제주

오목대 전경

목조대왕구거유지비(穆祖大王舊居遺址碑)와 이목대

태조고황제주필유지비
(太祖高皇帝駐畢遺址碑)

필유지비(太祖高皇帝駐畢遺址碑)', 이목대[98]는 '목조대왕구거유지비(穆祖大王舊居遺址碑)'가 있는데, 모두 고종의 친필 글씨다. 또한, 고종 때 조경단의 정비가 이루어지는 등 조선 왕실의 발상지인 전주의 위상을 가늠해볼 수 있는 흔적이다.

또한, 전주성의 남문의 이름이 풍남문(豊南門)이며, 객사(客舍)의 명칭은 풍패지관(豊沛之館)이다. 풍남문과 풍(豊)과 풍패지관의 풍패(豊沛)는 한 고조 유방(劉邦, B.C 247~195)이 패현(沛縣) 풍읍(豊邑) 출신인 것과 관련이 있다. 즉, 제왕의 출신지에 붙여진 용어로, 이는 전주가 조선왕실의 발상지인 것과 관련이 있다.

자만동 금표가 세워진 것도 이와 무관하지 않다. 자만동 금표는 자만

전주 풍남문(豊南門)

전주 풍패지관(豊沛之館), 풍
(豊)은 한나라 고조가 패현 풍
읍 출신인 것을 빗댄 것으로,
조선 왕실의 발상지로 해석할
수 있다.

동 벽화마을 내 골목길에 있는데, 전면에 '자만동금표(滋滿洞禁標)'가 새겨져 있다. 위치상 인근에 있는 이목대(梨木臺)와의 연관성이 주목되는데, 이목대가 있는 자만동 일대를 보호하기 위해 금표를 세운 것으로, 언제 세운 것인지는 명확하지 않지만 조경단이 정비되던 고종 때 세워졌을 것으로 추정된다.

자만동 벽화 마을

전주 자만동 금표

3장

산림
금표

우리나라에 자생하는 나무 가운데 소비량이 많았던 수종 중 소나무가 있다. 우리에게 소나무는 단순한 나무 그 이상의 존재로, 실생활에 미친 영향이 컸다. 특히, 인구의 증가로 인해 소나무의 사용량이 증대되었는데, 대표적으로 ▶재궁(梓宮) ▶궁궐·사찰 등의 목재 건축물 ▶병선[99]·사선 제작 ▶도자기·기와 제작 ▶목탄·시탄 등의 다양한 목적으로 사용되었다. 심지어 송화 가루는 약재로, 껍질의 경우 기근 때 벗겨 먹기도 했으

문경새재에서 볼 수 있는 상처 난 소나무

영월 법흥사에서 볼 수 있는 상처 난 소나무

김천 직지사 소나무, 공통적으로 확인되는 V자 형태의 상처는 일제강점기와 해방 이후 소나무의 송진을 확보하기 위해 긁어낸 흔적이다.

니, 버릴 것 하나 없는 그야말로 아낌없이 주는 나무였다.[100]

하지만 이러한 소나무의 소비 증가와 무덤의 조성과 개간 등으로 인해 소나무의 자생지가 축소되어 갔다. 때문에 소나무를 보호하기 위한 대책이 필요했고, 이는 소나무를 보호하기 위한 송금 정책으로 이어졌다. 이러한 송금 정책은 이후 금산(禁山)과 봉산(封山) 제도로 재편되었다.

소나무는 자생 지역과 형태, 수종에 따라 각기 다르게 불린다. 가령 금

울진 대왕소나무[101]

예천 석송령, 세금 내는 소나무로 유명하다.

보은 정이품송

보은 서원리 소나무

상주 상현리 반송

구미 독동리 반송

고창 선운사 도솔암 장사송

청령포 관음송

강송으로 불리는 황장목(黃腸木)은 강원특별자치도와 경북 북부 지역을 중심으로 확인되고 있다. 반면, 부채꼴 형태의 반송(盤松)은 국내 전역에서 확인되고 있으며, 경주시 안강읍 일대에서 확인되는 안강형 소나무는 난쟁이형으로 불리고 있다. 또한, 봉화 지역에서 확인되는 춘양목의 경우

안동 신전리 김삿갓 소나무

경주 흥덕왕릉 소나무(안강형 소나무)

경주 삼릉 소나무 숲

수원 노송지대

문경 대하리 소나무

예천 금당실 송림

금강송과 같은 적송 계열이다.

　황장금표는 황장목(黃腸木)을 보호하기 위해 황장봉산의 경계에 세운 표석이다. 황장목이란 속이 누런 나무의 일종으로, 목질이 단단해 예로부터 관곽인 재궁(梓宮)을 만드는 재료이자 건축 재료로 활용되었다. 때문에 강원특별자치도와 경북 북부 지역을 중심으로 황장봉산을 지정했는데, 『만기요람(萬機要覽)』[102]에는 전국의 황장봉산이 60곳으로 기록되어 있다. 이러한 지리적 특성은 현재까지 확인된 황장금표의 분포와도 맞아떨어진다.

서울 숭례문(崇禮門), 지난 2008년 2월 10일, 숭례문이 방화로 소실된 후 복원되는 과정에서 황장목이 사용되었다.

지난 2008년 숭례문 화재 이후 복원 과정에서 황장목이 사용되었던 것처럼 향후 문화재의 복원을 위해서도 황장목을 보호해야 할 필요가 있다. 한편, 이러한 황장목의 분포는 역설적으로 산불의 대형화를 부르는 요인이 되기도 했다. 대표적으로 지난 2022년 3월 4일에 시작된 울진·삼척 산불을 들 수 있는데, 이유는 소나무는 송진을 머금고 있어 활엽수에 비해 화재에 취약하기 때문이다.

인제 한계 황장금표

사찰이 있었음을 보여주는 석불좌상 연화대좌 부재   지금도 황장금표 주변으로 울창한 소나무 숲을 만날 수 있다.

인제 한계 황장금표의 위치는 '강원특별자치도 인제군 북면 한계리 373번지'로, 공식 명칭은 인제 한계 황장금표와 황장목림[103]이다. 황장금표가 있는 곳은 과거 사찰이 있던 곳으로, 지금은 무너진 석축과 석불좌상 연화대좌 부재 등이 과거 이곳이 사찰이었음을 말해주고 있다. 황장금표는 폐사지의 축대석에 명문이 새겨져 있는데, 그 내용은 다음과 같다.

'황장금산 자서고한계 지동계이십리(黃腸禁山 自西古寒溪 至東界二十里)'

인제 한계 황장금표

앞의 명문을 통해 황장금산의 범위가 서쪽 한계리에서 동쪽으로 이십
리까지 설정된 것을 알 수 있다. 또한, 금산이 새겨진 것으로 보아 조선
전기에 새겨진 금표로 추정된다.

강릉 도진산 황장금표

강릉 도진산 황장금표는 '강원특별자치도 강릉시 왕산면 고단리 960번
지' 인근에 있으며, 원 위치는 알 수 없다. 표석의 전면에는 총 13글자의
명문이 확인되는데, 그 내용은 다음과 같다.

'도진산주백(리) 북거□고(개) 십오[都眞山周百(里) 北距□古 (介) 十五]'

현장에 세워진 안내문을 통해 도진산(都眞山)이 현 덕우산(德牛山, 덕구산
德九山) 일대로 비정되고 있는데, 인근에서 확인되는 '도진이' 지명이 결정

강릉 도진산 황장금표

적이다. 또한, 산림청 동부지방산림관리청의 자료에 따르면 표석이 발견된 지역 인근 주민인 남기택(정선군 임계면 봉산 3리 둔봉동) 씨의 증언을 통해 현 표석이 있는 인근을 '황장고뎅이'로 부른 사실과 임계면 봉산 3리에서 유사한 형태의 표석 2기를 봤었다고 한다. 이를 통해 덕우산 일대가 황장봉산인 것과 이를 보호하기 위해 강릉 도진산 황장금표를 세운 것을 알 수 있다.

양양 상월천리 금표

양양 상월천리 금표의 위치는 '강원특별자치도 양양군 현남면 상월천리 297번지'[104]로, 수해복구 공사 중 발견되었다. 바위에는 '금표(禁標)'가 새겨져 있는데, 위치상 황장금표의 하나로 추정된다. 『대동지지』에는 양양에 황장봉산(黃腸封山)이 두 곳 있었다고 기록하고 있다. 또한, ▶장리 금표 ▶원일전리 금표 ▶어성전리 금표 ▶법수치리 금표처럼 지금은 파괴되거나 유실된 금표 등이 확인되고 있다.

양양문화원에 따르면 사진으로 남은 장리 금표의 명문은 '연

수해복구 공사 중 발견된 상월천리 금표 ⓒ양양문화원

양양 상월천리 금표(2021) ⓒ양양문화원

양양 상월천리 금표(2022)

장리 금표 ⓒ양양문화원

원일전리 금표
ⓒ양양문화원

어성전리 금표
ⓒ양양문화원

법수치리 금표
ⓒ양양문화원

산자 북계칠십리(淵山自 北界七十里)'로 확인된다. 하지만 지난 2002년 태풍 루사의 내습 당시 유실되었다. 탁본으로 남은 원일전리 금표의 명문은 '금표오리(禁標五里)'로 확인되는데, 경계 범위를 표시하고 있는 것이 특징이다. 하지만 원일전리 금표 역시 2008~2009년 사이 새 농촌건설 하천 정비사업 당시 훼손되었다. 마찬가지로 탁본으로 남은 어성전리 금표의 명문은 '금표십리(禁標十里)'로, 원일전리 금표와 경계의 범위만 다를 뿐 같은 금표로 볼 수 있다. 해당 금표도 1984년 군도 확장공사 과정에서 매몰되어 행방을 알 수 없다. 또한, 사진으로 남은 법수치리 금표의 명문은 '금표(禁標)'로 확인되고 있으며, 지난 1997~8년 사이 법수치리 용화사 입구 다리 공사 과정에서 파괴되었다고 한다.

○ **양양 달아치 교계(校界)·갈밭구미 교표(校標) 각석**

양양 달아치 교계(校界) 각석(2013) ©양양문화원 / 양양 달아치 교계(校界) 각석(2022) / 양양 달아치 교계(校界) 각석의 위치

지난 2013년과 2017년 차례로, 양양 달아치 교계(校界)[105]와 갈밭구미 교표(校標)[106] 각석이 확인되었다. 해당 각석은 특정 장소의 경계를 표식한 것으로 추정된다. 다만, 교(校)가 어떤 의미인지에 따라 해석이 달라질 수

| 양양 갈밭구미 교표 | 양양 갈밭구미 교표(2017) ©양양문화원 | 양양 갈밭구미 교표(2022) |

있기에 추가적인 연구가 필요하다.

삼척 사금산 금표[107]

삼척 사금산 금표의 위치는 '강원특별자치도 삼척시 원덕읍 이천리 1525번지' 인근으로, 계곡 쪽 굴참나무 아래에 있다. 사금산 금표의 전면에는 금표(禁標)가 새겨져 있는데, 삼척 지역에 전해지는 「황장목 목도꾼

굴참나무 아래 자리한 금표

삼척 사금산 금표

소리」[108]를 통해 마읍골이 있는 사금산이 황장목의 생산지인 것이 확인되기에 삼척 사금산 금표는 황장목을 보호하기 위해 세운 금표인 것을 알 수 있다.

또한, 이 지역의 소나무가 경복궁의 상양목이 된 사실과 녹수천강의 표현에서 보듯 황장목의 운송에 있어 강을 이용했음을 보여준다. 한편, 『관동지』에 기록된 삼척의 여러 황장봉산 가운데 마읍산(麻邑山)이 현 사금산인 것으로 추정된다.[109][110]

원주 황장금표와 황장외금표[111]

원주 치악산(雉岳山) 일대에서 확인된 황장금표는 ▶원주 학곡리 황장외금표 ▶원주 학곡리 황장금표 ▶원주 비로봉 황장금표 등이다.

원주 학곡리 황장외금표

이 중 학곡리 황장외금표의 위치는 '강원특별자치도 원주시 소초면 학곡리 산55-9번지'로, 도로 옆에 있는 바위에 '황장외금표(黃腸外禁標)'가 새겨져 있다. 주목해볼 부분은 바깥 외(外)로, 해당 금표를 통해 황장봉산의 안쪽과 바깥쪽의 경계를 구분했음을 알 수 있다.

원주 학곡리 황장금표

원주 학곡리 황장금표는 '강원특별자치도 원주시 소초면 학곡리 1061-20번지'[112]에 있는데, 바위에 황장금표(黃腸禁標)가 새겨져 있다.

원주 비로봉 황장금표[113]는 지난 2016년에 발견되었는데, 바위에 '황장금표(黃腸禁標)'가 새겨져 있다. 한 장소에서 3곳의 금표가 발견된 사례는

치악산의 정상, 비로봉

원주 비로봉 황장금표

치악산이 유일하며, 과거 치악산 일대가 황장봉산으로 지정되었음을 보여주는 흔적이다.

평창 미탄 봉산동계 표석

평창 미탄 봉산동계 표석

평창 미탄 봉산동계 표석[114]의 위치는 '강원특별자치도 평창군 미탄면 평안리 산102번지'로, 평안 1리 마을회관으로 가는 도로 옆에 세워져 있다. 표석의 전면에는 '봉산동계(封山東界)'가 새겨져 있어, 봉산의 동쪽 경계에 세운 표석임을 알 수 있다. 다만 어느 산의 동쪽을 이야기하는 것인지는 알 수 없다.

영월 법흥 황장금표

영월 법흥 황장금표와 안내문   영월 법흥 황장금표

영월 법흥 황장금표[115]의 위치는 '강원특별자치도 영월군 무릉도원면[116] 법흥리 590-9번지'로, 새터교 맞은편에 있다. 해당 금표는 바위에 명문이 새겨져 있는데 그 내용은 다음과 같다.

'원주사자황장산 금표(原州獅子黃腸山 禁標)'

이를 통해 해당 지역이 과거 원주에 속했던 사실과 과거 사자산이 황장산으로 불린 것을 알 수 있다.

『연려실기술』「지리전고」를 보면 사자산(獅子山)이 치악산의 동북쪽에 있으며, 주천강(酒泉江)의 근원임을 밝히고 있다. 또한, 『세종실록지리지』에서 원주의 명산으로 사자산을 이야기하고 있는데, 주천현의 동북쪽에 있다고 기록하고 있다.

바위에 새겨진 '금표(禁標)', 사자산에서 자라는 황장목을 보호했음을 알 수 있다.

영월 두산리 황장금표비

영월 두산리 황장금표비의 위치는 '강원특별자치도 영월군 무릉도원면 황정길 23-1'로, 황정교 바로 옆에 세워져 있다. 비의 전면에 황장금표(黃腸禁標)가 새겨져 있는데, 본래 황장금표비(黃腸禁標碑) 다섯 글자가 있었다고 한다. 해당 금표가 있는 두산리 일대는 황장목이 많아서 황장골로 불렸다고 하며, 지금도 금표와 관련된 것으로 보이는 황정골과 황정로 등의 지명을 어렵지 않게 찾을 수 있다.

영월 두산리 황장금표비

지명으로 남은 흔적, 황정교

화천 동천 황장금표

　화천 동천 황장금표[117]가 있는 비수구미는 파로호로 흘러드는 북한강의 상류에 있는데,[118 119] 마을 내 현수교 부근 바위에 '비소고미금산 동표(非所古未禁山 東標)'가 새겨져 있다. 이를 통해 과거 비소고미(非所古未)로 불린 사실을 알 수 있으며, 금산(禁山)이 새겨진 것으로 보아 조선 전기에 새긴 것으로 추정된다. 또한, 동표(東標)가 새겨진 것으로 보아 동쪽의 경계에 금표를 세운 의미로 해석된다. 실제 태실(胎室)의 경우 사방의 경계에 금표를 세웠으며, 영암 건릉 향탄 금호 표석의 사례에서 보듯 봉산(封山)의 경계에 사표(四標)를 세운 사실을 알 수 있다.

현수교 건너에 있는 화천 동천 황장금표

화천 동천 황장금표 '비소고미금산 동표(非所古未禁山 東標)'가 새겨져 있다.

비소고미(非所古未), 비수구미의 옛 이름인 것을 알 수 있다.

한편, 『대동지지』에는 화천의 황장봉산(黃腸封山)과 관련해 "하나는 서로 30리에 있고, 또 하나는 동북으로 40리에 있다."라고 기록하고 있다. 따라서 화천 동촌 황장금표는 위의 기록에 언급된 황장봉산 중 하나일 것으로 추정된다. 현재 금표가 있는 비수구미 일대는 산림유전자원보호구역이자 과거 황장목을 보호했던 역사성이 있는 장소이기에 주목된다.

홍천 명개리 황장금표

홍천박물관의 야외에 전시 중인 홍천 명계리 황장금표는 바위의 전면에 '양양 전림 남계백리 주회삼백삼십리(襄陽 箭林 黃腸山 南界百里 周回

홍천박물관의 야외에 전시 중인 홍천 명계리 황장금표

三百三十里)'가 새겨져 있는데, 양양의 전림인 황장산의 남쪽 경계가 백 리, 둘레가 삼백삼십리로 해석된다. 이를 통해 해당 지역이 과거 양양에 속했음을 알 수 있다. 양양문화원의 조사에 따르면 홍천 명계리 황장금표는 최초 '강원특별자치도 홍천군 내면 명계리 산43번지'에 있었으나, 2010년 4월에 농업용수관 매설 공사로 인해 인근 느티나무 아래로 옮겨졌다고 한다. 이렇게 옮겨진 장소가 '강원특별자치도 홍천군 내면 명계리 210번지'로, 이후 주민의 민원에 의해 2021년에 홍천박물관의 야외로 옮겨졌다.

홍천 명계리 황장금표 ©양양문화원

홍천 명계리 황장금표(2023)

울진 소광리 황장봉계 표석

울진 소광리 황장봉계 표석 1은 '경상북도 울진군 금강송면[120] 소광리 산 262번지'에 있는데, 도로 옆 계곡의 바위에 새겨져 있다. 표석이 위치

도로 옆 계곡 바위에 새겨진 울진 소광리 황장봉계 표석 1

한 곳은 울진 금강소나무숲[121]이 있는 곳으로, 해당 표석을 통해 조선시대에 이 지역의 황장목을 보호하기 위해 봉산(封山)으로 지정한 사실을 알 수 있다. 울진 소광리 황장봉계 표석 1의 명문은 다음과 같다.

'황장봉 계지명생달 현안일왕산 대리당성 사회
(黃腸封 界地名生達 峴安一王山 大里堂城 四回)'

위의 명문을 통해 황장봉산의 경계가 ▶생달현(生達峴) ▶안일왕산(安一王山) ▶대리(大理) ▶당성(當城)인 것을 알 수 있다. 또한, 주 명문의 좌측에는 다른 글씨체로 '산직명길(山直命吉)'이 새겨져 있

울진 소광리 황장봉계 표석 1

울진 소광리 황장봉계 표석 1 산직명길 ⓒ심현용

찬물내기 부근 바위에 새겨진 울진 소광리 황장봉계 표석 2

울진 소광리 황장봉계 표석 2

는데, 봉산을 관리한 산지기가 명길(命吉)인 것으로 해석된다.

 지난 2011년 9월 14일 박찬문에 의해 추가로 확인된 울진 소광리 황장봉계 표석 2[122]의 위치는 '경상북도 울진군 금강송면 소광 2리 산1번지'로, 금강소나무숲길 제1구간인 보부상 길 중 찬물내기 부근 자연 암반에 다음과 같은 명문이 새겨져 있다.

'황장봉산 동계조성 지서이십리
(黃腸封山 東界鳥城 至西二十里)'

 위의 명문을 통해 이곳 황장봉산의 동쪽 경계가 조성(鳥城)인 점과 서쪽으로 이십리에 이른다는 사실을 알 수 있다. 앞선 울진 소광리 황장봉계 표석 1의 사례처럼 황장봉산의 규모와 경계를 표시했음을 알 수 있다.

문경 황장산 봉산 표석

문경 황장산 봉산 표석의 위치는 '경상북도 문경시 동로면 명전리 188-1번지'로, 표석의 전면에는 봉산(封山)이 새겨져 있다. 인근에 황장산이 있어 황장목(黃腸木)을 보호하기 위한 황장봉산이었음을 알 수 있다. 『목민심서(牧民心書)』에는 「속대전(續大典)」을 인용해 황장봉산이 있는 여러 곳에 경차관(敬差官)[123]을 파견한 기록이 확인되는데, 여기에 문경(聞慶)이 포함되어 있다.

『만기요람』을 보면 송정(松政)[124]의 일과 관련해 궁전의 재목과 전함, 조선 등의 수요가 많기에 봉산(封山)을 지정하고, 식목을 권장하는 한편 벌채를 금지하기 위한 규정을 만들었음을 알 수 있다. 1684년(숙종 10)에 삼남(三南)과 동·북·해서 등 6도의 봉산(封山)과 송전(松田) 등에 대해 절목

밭 가운데 자리한 문경 황장산 봉산 표석

문경 황장산 봉산 표석의 전면과 측면

을 찬정(撰定)하여 제도(諸道)에 반포하고, 1788년(정조 12)에 고쳐 발행한 것임을 알 수 있다. 따라서 해당 봉산 표석은 조선 후기에 세워진 것으로 추정된다.

예천 명봉리 봉산 표석

예천 명봉리 봉산 표석은 예천박물관의 태실 관련 정밀지표조사 과정

예천 명봉리 봉산 표석

명봉사에 세워진 봉산 표석의 복제품. 표석 옆 바위는
'경모궁 태실 감역 각석문(景慕宮 胎室 監役 刻石文)'이다.

에서 확인되었는데, 최초 '경
상북도 예천군 효자면 명봉
리 515-3번지'에 있는 민가
에서 발견되었다. 소장자의
인터뷰를 통해 봉산 표석의
원래 위치가 명봉사 삼거리
[125]로 확인되었으며, 이후 표
석의 보존을 위해 예천박물
관의 수장고로 옮겨졌다. 현
재 표석의 하단 부분은 훼손
되어 상단의 봉(封)만 확인되고 있으나 외형은 문경 황장산 봉산 표석과
동일하다.

『목민심서』에는 「속대전」을 인용해 황장봉산이 있는 여러 곳에 경차관
(敬差官)을 파견한 기록이 확인되는데, 여기에 예천(醴泉)이 포함되어 있
다.[126] 따라서 해당 표석은 황장봉산과 관련이 있는 것으로 추정된다. 다
만, 해석에 따라 다르게 볼 여지도 있는데, 표석의 발견 위치가 명봉사
일주문 근처이기 때문이다. 명봉사(鳴鳳寺)는 태실수호사찰로, 문종과 사
도세자의 태실이 있는 곳이기에 봉산 표석과 태실(胎室)의 연관성 역시
주목해볼 필요가 있다.

○ 예천 명봉사(鳴鳳寺)

예천 명봉사(鳴鳳寺)는 '경상북도 예천군 효자면 명봉리 501번지'에 있
는데, 875년(헌강왕 1) 두운(杜雲)에 의해 창건된 것으로 전한다. 명봉사는

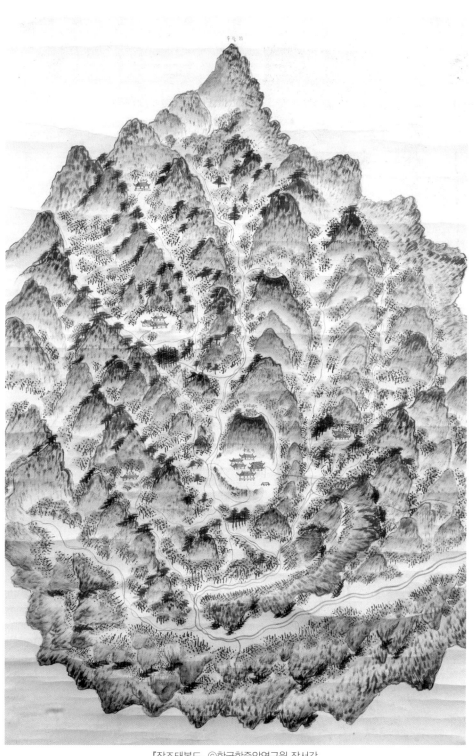

『장조태봉도』 ⓒ한국학중앙연구원 장서각

문종태실

「장조태봉도」 속 문종 태실
©한국학중앙연구원 장서각

사도세자 태실(경모궁 태실)

「장조태봉도」 속 사도세자 태실
©한국학중앙연구원 장서각

예천 명봉사

「장조태봉도」 속 명봉사
©한국학중앙연구원 장서각

예천 명봉사 경천선원 자적선사 탑비(보물)

태실수호사찰로, 『장조태봉도』에는 명봉사 뒤쪽 봉우리에 문종대왕 태실과 뒤로 400m 지점의 봉우리에 사도세자 태실(경모궁 태실)이 그려져 있다.

한편, 명봉사 경내에는 '예천 명봉사 경청선원 자적선사 탑비'가 있는데, 나말여초(羅末麗初)[127] 시기에 활동했던 자적선사(慈寂禪師)의 생애와 업적을 기록하고 있으며, 비석에 새겨진 글자가 이두(吏讀)[128]라는 점에서 주목된다.

02 향탄금표

향탄봉산(香炭封山)은 능(陵)·원(園)·묘(墓)의 제사에 쓸 향과 숯을 공급하기 위해 지정되었으며, 그 경계에 향탄금표를 세웠다. 향탄목의 수종은

향나무와 참나무였다.[129]

파주 보광사 어실각 향나무

수원 탑동 향나무

강화 보문사 향나무

울진 후정리 향나무 ⓒ심현용

김룡사 들머리 길, 참나무 군락

삼척 이천리 굴참나무

향나무는 이름에서 알 수 있듯 향을 만들 때 사용했다. 과거에는 향나무를 갯벌에 묻는 의식이 있었는데, 이를 매향(埋香)이라고 한다. 매향은 불교와 향촌 사회의 관점에서 주목된다. 매향 의식은 향나무를 갯벌에 묻어 오래되면 침향이 되는데, 이를 미륵에 공양했다. 따라서 매향 의식은 향촌 공동체를 결속 및 미륵 사상을 통해 현세의 어려움을 극복하고, 미륵의 구원을 기대하는 종교적 의식이기도 했다. 이러한 매향을 기록한

사천 흥사리 매향비

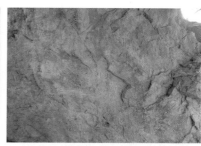

영암 엄길리 매향명

영암 채지리 매향비

당진 안국사지 매향 암각

예산 효교리 매향비

사천 향촌동 매향 암각

매향비와 매향암각은 주로 바다를 접한 하삼도(下三道)[130] 지역에서 집중적으로 확인되고 있다.

　반면, 참나무는 숯을 만들 때 사용하던 나무로, 이름에서부터 쓰임이 많은 나무인 것을 알 수 있다. 일반적으로 참나무는 도토리 열매를 맺기에 도토리나무로 불리기도 하며, 상수리나무 역시 참나무에 속했다. 현재까지 확인된 향탄금표는 8곳으로, 지역 분포를 보면 전라남도 1곳을 제외한 금표는 모두 대구·경북에 위치하고 있다. 이 중 6곳의 향탄금표가 효명세자의 연경묘(延慶墓), 즉 수릉(綏陵)과 관련이 있다.

영암 건릉 향탄 금호 표석

영암 건릉 향탄 금호 표석

　영암 건릉 향탄 금호 표석의 위치는 '전라남도 영암군 군서면 도갑리 114-4번지'로, 영암 죽정리 국장생 부근에 있다. 바위에 '건릉 향탄 봉안소 사표내 금호 지지(健陵 香炭 奉安所 四標內 禁護 之地)'가 새겨져 있어 해당 지역이 건릉(健陵)[131]의 향탄봉산이자 제사에 쓸 향과 숯을 공급했음을 알 수 있다.

사표(四標), 향탄봉산의 경계에 세운 4개의 표석으로 해석된다.

영암 죽정리 국장생

영암 소전머리 황장생

영암 메밀방죽 옆 장생

‘사표내금호지지(四標內禁護之地)’는 향탄봉산(香炭封山)의 범위와 관련이 있는데, 사표(四標)의 안쪽은 건릉의 향탄봉산에 속한다는 의미로 해석된다. 그렇다면 각석에 언급된 사표(四標)는 무엇을 말하는 것일까? 이와 관련해 주목되는 흔적이 장생이다. 현재 도갑리와 서구림리 일대에는 ▶영암 죽정리 국장생(전라남도 민속문화재) ▶영암 소전머리 황장생(전라남도 민속문화재) ▶영암 메밀방죽 옆 장생(전라남도 민속문화재) 등 3개의 표석이 남아 있다.

이 가운데 영암 죽정리 국장생을 주목할 필요가 있는데, 해당 국장생의 하단에는 ‘석표사좌(石標四坐)’가 새겨져 있다. 따라서 위에서 언급된 사표(四標)를 장생으로 볼 경우 도갑사의 경계를 표시한 석표인 동시에 향탄봉산의 범위를 보여준다는 점에서 주목된다. 한편, 『신증동국여지승람』에는 “절

영암 죽정리 국장생의 하단에 새겨진 ‘석표사좌(石標四坐)’

아래 동구(洞口)에 두 개의 입석(立石)이 있는데, 하나에는 '국장생(國長生)' 3자가 새겨져 있고, 또 하나에는, '황장생(皇長生)' 3자가 새겨져 있다."라고 기록하고 있다. 전자는 영암 죽정리 국장생, 후자는 영암 소전머리 황장생이다.

○ 영암 도갑사(道岬寺)

영암 도갑사

영암 도갑사(道岬寺)는 '전라남도 영암군 군서면 도갑리 8번지'에 있는데, 도선국사(道詵國師)에 의해 창건된 것으로 전한다.『신증동국여지승람』에는 "도선(道詵)이 일찍이 머물렀던 곳이다. 비석이 있는데 글자가 마멸되어 읽을 수가 없다."고 기록하고 있다. 이후 호불군주로 평가되는 세조(재위 1455~1468)의 재위 기간 중 수미왕사(守眉王師)에 의해 중건된 것으로 전해진다. 도갑사 경내에는 해탈문(解脫門)과 도갑사 도선·수미선사비 등의 문화재가 남아 있다.

도갑사 도선·수미선사비   도갑사 해탈문(국보)

○ 화성 건릉(健陵)

화성 건릉(健陵)은 정조와 효의선황후 김씨의 합장릉으로, '경기도 화
성시 안녕동 187−45번지'에 있다. 건릉의 동쪽에는 융릉(隆陵)이 있는데,
최초 건릉은 융릉의 동쪽 두 번째 언덕에 있었으나, 효의선황후가 승하
한 이후 현 위치로 옮겨 합장릉으로 조성되었다.

경계의 역할을 했던 금천교(錦川橋)   홍살문(紅箭門)에서 바라본 모습

건릉은 전통적인 조선왕릉의 배치를 잘 보여주는데, 크게 ▶진입 공간 ▶제향 공간 ▶능침 공간으로 구분된다. 진입 공간은 경계 역할을 하는 금천교(錦川橋)와 신성한 장소임을 알리는 홍살문(紅箭門)이 있고, 홍살문을 지나면 참도(參道)와 배위(拜位)가 있다. 참도는 정자각까지 이어진 향로(香路)와 어로(御路)가 있고, 정자각(丁字閣)의 동쪽에는 비각이 세워져 있다. 제향 공간의 좌측에는 수라간이 배치되어 있으며, 정자각의 뒤쪽과 사초지 사이에는 축문을 불태웠던 예감(瘞坎)과 산신에게 제사 지낸 산신석(山神石) 등이 있다.

화성 건릉(健陵)

건릉의 비각. '대한 정조선황제 건릉, 효의선황후 부좌(大韓 正祖宣皇帝 健陵 孝懿宣皇后 附左)'이 새겨져 있다.

능침 공간은 난간석(欄干石)을 두른 봉분을 중심으로, 뒤로 봉분을 보호하는 곡장(曲牆)과 석양(石羊)·석호(石虎) 각 두 쌍이 배치되어 있다. 또한, 봉분의 앞으로는 혼유석(魂遊石)과 장명등(長明燈)이 있으며, 좌우로 망주석(望柱石) 한 쌍, 문석인(文石人) 한 쌍, 무석인(武石人) 한 쌍, 석마(石馬) 두 쌍 등의 석물이 배치되어 있다.

건릉의 능침

문석인과 석마 1

문석인과 석마 2

무석인과 석마 1

무석인과 석마 2

장명등

망주석 1

망주석 2

혼유석

석양 1

석양 2

석양 3

석양 4

석호 1

석호 2

석호 3

석호 4

문경 김룡사 금계비

문경 김룡사 금계비의 위치는 '경상북도 문경시 산북면 김용리 376번지' 부근으로, 김천식당 맞은편에 세워져 있다. 비의 전면에는 '김룡사소유지(金龍寺所有址)', 후면에는 '광무육년십월일 향탄봉산사패금계(光武六年十月日 香炭封山賜牌禁界)'가 새겨져 있다. 이를 통해 운달산 일대가 김룡

김룡사로 가는 길, 김천식당 맞은편에 자리한 김룡사 금계비

사의 사패지(賜牌紙)이자 향탄봉산인 사실과 김룡사가 해당 봉산을 수호

김룡사 금계비의 전면, '김룡사소유지(金龍寺所有址)'가 새겨져 있다.

김룡사 금계비의 후면

하는 사찰이었음을 알 수 있다. 비를 세운 시기는 광무 6년인 1902년(고종 39) 10월이다.

○ **문경 김룡사**(金龍寺)

문경 김룡사(金龍寺)는 '경상북도 문경시 산북면 김용리 410번지'에 있

김룡사의 전경

김룡사 대웅전(경상북도 유형문화재)

김룡사 삼층석탑(경상북도 문화재자료)

김룡사 석불입상(경상북도 문화재자료)

는데, 안내문을 보면 588년(진평왕 10) 운달조사(雲達祖師)에 의해 창건된 것으로 전해진다. 최초 사찰의 이름은 운봉사(雲峰寺)로 불렸다고 하며, 이후 소실과 중건이 반복되었다. 『여지도서(輿地圖書)』[132]에는 김룡사(金龍寺)가 운달산에 있다고 기록하고 있으며, 김룡사의 주요 문화재로는 문경 김룡사 영산회 괘불도, 김룡사 대웅전(大雄殿), 김룡사 삼층석탑, 김룡사 석불입상 등이 있다.

연경묘봉표

대구와 경북 지역을 중심으로, 효명세자(孝明世子, 1809~1830)와 관련 있는 봉표가 다수 확인되고 있는데, ▶경주 불령봉표 ▶경주 시령봉표 ▶경주 수렴포봉표 ▶대구 수릉봉산계 표석 ▶대구 수릉향탄금계 표석 ▶의

홍살문에서 바라본 수릉(綏陵)

성 점곡리 연경묘봉표 등이다. 각각의 봉표에는 연경묘(延慶墓) 혹은 수릉
(綏陵)이 새겨져 있는데, 연경묘는 효명세자가 요절한 뒤 붙여진 무덤의
명칭이다. 이후 1834년(헌종 즉위년) 11월 19일에 효명세자는 헌종(憲宗, 재
위 1834~1849)에 의해 익종(翼宗)으로 추존되었고, 이에 따라 무덤의 명칭
도 기존 연경묘에서 수릉으로 바뀌었다. 1890년(고종 27) 신정왕후 조씨
가 세상을 떠난 뒤 합장릉을 조성되었으며, 1899년(고종 36) 대한제국을

정자각

비각

수릉 능비(익종)

수릉 능비(문조익황제)

예감

산신석

수릉의 능침

망주석 1

장명등

망주석 2

문석인 1 문석인 2 무석인 1 무석인 2

석양 1 석양 2

석양 3 석양 4

석호 1 석호 2

석호 3

석호 4

혼유석

선포한 고종에 의해 익종은 문조
익황제(文祖翼皇帝)로, 신정왕후는
신정익황후(神貞翼皇后)로 재추존
되었다.

　　　　　　효명세자는 순조(純祖, 재위 1800
~1834)와 순원왕후 김씨(純元王后 金氏, 1789~1857)의 아들이다. 세자빈
은 훗날 조대비(趙大妃)[133]가 되는 신정왕후 조씨(神貞王后 趙氏, 1809~1890)
로, 효명세자와 신정왕후 조씨 사이에서 태어난 아들이 헌종(憲宗, 재위
1834~1849)이다.

　효명세자는 왕비 소생의 적장자라는 정통성을 바탕으로 현군의 자질을
보였던 인물이다. 특히, 대리청정 기간에는 궁중무용인 정재(呈才)를 보
완하는 등 예술적인 감각도 있었다. 효명세자는 이러한 궁중무용을 활용
한 연회를 크게 열며 왕실의 위상을 높이는 한편, 정사에 있어 신상필벌
을 명확히 하며 순조의 기대에 부응했다. 하지만 효명세자는 1830년(순조
30) 5월 6일, 창덕궁 희정당(熙政堂)에서 세상을 떠났다. 효명세자의 죽음
은 순조에게 큰 좌절을 안겼는데, 직접 지은 제문을 보면 그의 애통함을

창덕궁 연경당(演慶堂), 효명세자가 순조를 위해 진작례(進爵禮)를 올린 장소다.

고스란히 느낄 수 있다.

경주 불령·시령·수렴포봉표

경주 지역의 연경묘봉표는 3곳으로, ▶불령봉표(佛領封標) ▶시령봉표(柿嶺封標) ▶수렴포봉표(水念浦封標) 등이 확인되었다.

불령봉표[134]의 외형은 봉표의 상단 일부가 떨어져나간 흔적이 있지만

불령봉표 인근에서 확인되는 숯가마 터　　　　　　　불령봉표

주 명문은 육안 판독이 가능할 정도로 잘 남아 있는데, 전면에 '연경묘향
탄산 인 계하 불령봉표(延慶墓香炭山 因 啓下 佛嶺封標)'가 새겨져 있다. 또한,
왼쪽에 보조 명문인 '신묘십월 일주심 묘감 신 김창호 감동 신 이명희(辛
卯十月 日主審 墓監臣金昌祜 監董臣李命喜)'[135]등이 확인되고 있다.

　봉표를 세운 시기는 명문 가운데 '신묘십월일(辛卯十月日)'을 통해 알 수
있는데, 1835년(현종 원년) 효명세자는 익종으로 추존되었고, 연경묘에서
수릉으로의 능호 변천이 있었다. 1835년 이전 신묘년은 1831년(순조 31)
에 해당하기에 경주에서 확인되는 불령·시령·수렴포 봉표는 모두 1831
년(순조 31) 10월에 세웠음을 알 수 있다. 또한, 보조 명문을 통해 봉표를
세울 당시 참여한 관리의 이름이 확인되는 것도 공통적인 특징이다.

　시령봉표는 감재골을 따라 감포에서 장기로 넘어가는 길에 위치하고
있는데, 바위의 전면에 주 명문인 '연경묘 향탄산인계하 시령봉표(延慶墓

감재골에 위치한 시령봉표   시령봉표

香炭山因啓下 柹嶺封標)'가 새겨져 있다. 또한, 왼쪽에 보조 명문인 '신묘십월일(辛卯十月日), 묘감 신 김창호(墓監 臣 金昌祜), 감동 신 이명희(監董 臣 李命喜)' 등이 확인되고 있다.

수렴포봉표는 '경상북도 경주시 양남면 수렴리[136] 154−1번지'[137]에 있는데, 바위의 전면에 주 명문인 '연경묘향탄□□ 계하수렴포 봉표(延慶墓香炭□□ 啓下水念浦

경주 수렴포봉표

封標)'가 새겨져 있다. 또한, 왼쪽에 보조 명문인 '신묘십월일봉심(辛卯十月日奉審), 묘감 신 김창호(墓監 臣 金昌祜), 감동 신 □□□(監董 臣 □□□), 부교 김하용(府校 金夏鎔), 리 박동윤(吏 朴東潤), 풍헌 하학로(風憲 河學魯)' 등이 확인되고 있다.

○ 향탄봉산 관련 선정비, 이능섭·김철희·김석진 선정비

이능섭·김철희·김석진 선정비

연경묘봉표와 관련 있는 선정비가 있어 주목되는데, 경주 나정 해수욕장 인근 '경상북도 경주시 감포읍 나정리 21-1번지'에 세워진 '부윤이상공능섭거막선정비(府尹李相公能燮祛瘼善政碑)'와 '부윤김상공철희영세불망비(府尹金相公哲熙永世不忘碑)', '부윤김상공석진견폐유혜비(府尹金相公奭鎭鐲弊遺惠碑)' 등이 있다. 또한, 양남면사무소에 있다가 지금은 호림정 비석군으로 옮겨진 '부윤이상공능섭영세불망비(府尹李相公能燮永世不忘碑)' 역시 연경묘봉표와 관련 있는 선정비로, 이들 선정비를 통해 동해면이 수릉의 향탄방인 사실과 이미 부역을 면제 받았음에도 시탄의 잡역이 부과되어 책무가 가중되는 폐단이 있었다. 때문에 이를 바로 잡은 부윤들의 공적을 기리기 위해 세운 선정비로, 각 비석의 명문은 아래와 같다(명문의 해석은 미주 참고).

부윤김상공철희영세불망비(府尹金相公哲熙永世不忘碑)

부윤김상공철희견영세불망비(府尹金相公哲熙鐲永世不忘碑)
능탄구방 읍시첩역(陵炭舊坊 邑柴疊役)
동조유교 춘관사혁(東朝有敎 春關斯赫)

패연봉행 곽언교혁(沛然奉行 廓焉矯革)

적원득신 감복무두(積冤得伸 感服無斁)

부윤김상공철희영세불망비
(府尹金相公哲熙永世不忘碑)

비의 전면 보조 명문[138]

좌측면

우측면

후면[140]

숭정후오무자팔월일 남북도민인립(崇禎後五戊子八月日 南北道民人立)[139]

좌수 손량호(座首 孫亮昊)

호장 김로명(戶長 金魯明)

이방 김윤채(吏房 金潤采)

호방 김지명 손성익(戶房 金支明 孫聖翼)

부윤이상공능섭거막선정비(府尹李相公能燮祛瘼善政碑)

부윤이상공능섭거막선정비(府尹李相公能燮祛瘼善政碑)

이석동봉 유감유리(伊昔東封 有監有吏)

폐유자생 해무불지(弊由玆生 害無不至)

신뢰아후 거수기사(辛賴我侯 擧受其賜)

각석기공 해활산치(刻石紀功 海闊山峙)

신미십월일(辛未十月日)[141]

부윤이상공능섭거막선정비　　　　비의 전면 보조 명문　　　　우측면
(府尹李相公能燮祛瘼善政碑)

부윤김상공석진견폐유혜비(府尹金相公奭鎭蠲弊遺惠碑)

부윤김상공석진견폐유혜비(府尹金相公奭鎭蠲弊遺惠碑)
남□□□ □□□□(南□□□ □□□□)
□□□□ □□□□(□□□□ □□□□)
공왈□□ □□□□(公曰□□ □□□□)
□□□□ 영세□□(□□□□ 永世□□)
무인삼월일(戊寅三月日)

이상공능섭영세불망비(李相公能燮永世不忘碑)

봉산동탁 폐고민환(封山童濯 弊痼民瘝)
유공윤자 애아다간(唯公尹玆 哀我多艱)
교혁속임 유수용간(矯革屬任 有誰容奸)
영세불훤 서차석안(永世不諼 誓此石顔)

부윤김상공석진견폐유혜비
(府尹金相公奭鎭蠲弊遺惠碑)

이상공능섭영세불망비
(李相公能燮永世不忘碑)

비의 전면 보조 명문[142]

의성 연경묘봉표

의성 연경묘봉표

의성 연경묘봉표의 위치는 '경상북도 의성군 점곡면 명고리 산 36번지'[143]로, 도로 옆 암반에는 주 명문인 '연경묘향 탄산인 계하성산옥곡암 봉표(延慶墓香 炭山因 啓下城山 玉谷巖 封標)'가 새겨져 있다. 또한, 주 명문의 좌우에는 작은 글씨로 새긴 보조 명문이 있지만, 현재 관리의 부재 속에 명문의 훼손이 가속화되어 육안 판독이 쉽지 않다. 다만, 선행 연구된 심충성의 「의성의 바위글씨」에 따르면, 좌측에 '갑오 칠월 일 봉심(甲午 七月 日 奉審) 묘감 신 김창우(墓監 臣 金昌祐) 감동 신 이정재(監董 臣 李政在) 감수 안대복(監守 安大

봉표가 새겨진 성산 옥곡암 전경

福', 우측의 경우 '본묘 수위군 김□□(本墓 守衛軍 金□□) 축보□득 김일본 조전(築洑□栿 金一本 曹典) 향사 집리 김종휴(享司 執吏 金宗休) 근서 풍헌 박상윤(勤書 風憲 朴尙允)'이 새겨진 것으로 확인되었다. 이를 통해 성산 옥곡 암 일대가 연경묘의 향탄봉산인 사실과 갑오년(甲午年)인 1834년(순조 34) 7월에 봉표를 새겼음을 알 수 있다.

대구 수릉봉산계·수릉향탄금계 표석

대구 팔공산을 중심으로 수릉(綏陵)의 향탄봉산 관련 표석이 확인되는 데, 대구 수릉봉산계 표석과 대구 수릉향탄금계 표석이다. 이 가운데 대

대구 수릉봉산계 표석

대구 수릉향탄금계 표석

구 수릉봉산계 표석은 팔공산의 등산로 중 수태골을 출발해 서봉으로 가는 길에 위치하고 있는데, 바위에 '수릉 봉산 계(綏陵 封山 界)'가 새겨져 있다. 그렇다면 팔공산 일대는 어떤 목적의 봉산이었을까?

첩지, 석민헌을 향탄봉산수호총습과 팔도승풍규정을 위한 도승통자로 임명했음을 알 수 있다.

이에 대한 답은 '대구광역시 동구 용수동 27-5번지'에서 확인된 대구 수릉향탄금계 표석을 통해 알 수 있다. 해당 표석은 바위의 전면에 '수릉 향탄 금계(綏陵 香炭 禁界)'가 새겨져 있다. 또한, 표석 아래에는 첩지의 복제품이 있는데 그 내용은 다음과 같다.

"예조 석민헌위 수릉조포속사 경상도대구동화사겸 향탄봉산수호총섭팔도승풍규정 도승통자 광서육년십일월 일 판서 참판 참의 정랑 좌랑

(禮曹 釋敏軒為[144] 綏陵造泡屬寺 慶尚道大邱桐華寺兼 香炭封山守護摠攝八道僧風糾[145]正 都僧統者 光緒六年十一月 日 判書 參判 參議 正郎 佐郎)"

위의 첩지를 통해 동화사(桐華寺)가 수릉의 제수물품을 공급했던 조포사(造泡寺)이자 향탄봉산을 관리했던 사찰임을 알 수 있다. 또한, 광서 6년인 1880년(고종 17) 11월에 예조에서 첩지가 내려졌으며, 석민헌(釋敏軒)을 향탄봉산수호총습(香炭封山守護摠攝)과 팔도 승풍규정(僧風糾正)[146]을 위한 도승통자(都僧統者)로 임명한 사실을 알 수 있다.[147]

이와 유사한 사례로, '남해 용문사 봉산수호패(封山守護牌)'가 있는데, 패의 전면에 '남해 용문사 향탄봉산수호총섭(南海 龍門寺 香炭封山守護摠攝)', 후면에는 '예조(禮曹)'와 수결이 새겨져 있다. 또한, 송광사 성보박물관에 소장 중인 송광사 향탄봉산별순행금송패(香炭封山別巡行禁松牌) 2점 역시 주목되는데, 둥근 패의 전면에 '송광사 향탄봉산별순행금송패(松廣寺 香炭封山別巡行禁松牌)', 후면에는 '홍릉(洪陵)'과 수결이 새겨져 있다. 두 번째 패는 직사각형으로, 전면에 '홍릉 순천 송광사 향탄봉산삼도도총섭(洪陵 順天 松廣寺 香炭封山三道都摠攝)', 후면에는 '내부대신(內部大臣)'과 수결이 새겨져 있다. 이를 통해 송광사의 향탄봉산은 홍릉(洪陵)[148]의 제사에 쓸 향과 숯을 공급했음을 알 수 있다.

이밖에 통영 안정사에는 금송패[149] 3점이 전해오고 있는데, '안정사 국내 금송패(安靜寺 局內 禁松牌)', 후면에 '관리국(管理局)'이 새겨진 1점과 '안정사 봉산 금송패(安靜寺 封山 禁松牌)', 후면에 '선희궁(宣禧宮)'[150]가 새겨진 2점 등이다. 안정사에 내려진 차첩[151]을 통해 해당 지역이 선희궁의 송화봉

통영 안정사 연 및 금송패(統營 安靜寺 輦 및 禁松牌) ⓒ문화재청 국가문화유산포털

산(松花封山)이자 향탄봉산(香炭封山)인 사실을 알 수 있으며, 해당 봉산의 관리 주체가 안정사인 것을 알 수 있다. 차첩을 받은 시기는 광무 4년인 1900년(고종 37) 6월로 확인되는데, 이러한 사례들을 통해 봉산의 관리에 있어 사찰이 밀접하게 연관되어 있음을 알 수 있다.

삼산봉표

인삼(Panax ginseng C. A. Meyer)은 고대부터 전해지던 약용식물로, 보통 인공 재배된 삼(蔘)을 인삼, 자연산의 경우 산삼이라 불렀다. 조선시대에 인삼은 단순한 약용식물이 아닌 교역에 있어 중요한 수출 상품이자 사실상 화폐와 동일한 가치를 지녔다. 『경세유표』에는 초피(貂皮)와 인삼(人蔘)이 나라의 귀중한 보배이기에 토호와 관리가 그 이익을 독차지하는 것이 결국 백성들의 피해로 돌아오는바 임형시(林衡寺)[152]를 설치해야 한다고 기록한 바 있다. 조선의 인삼은 고려인삼으로 불리며 그 효능과 명성이 자자했는데, 특히 중국과 일본에서의 인기는 가히 폭발적이었다. 이 때문에 인삼은 일본과 중국(명·청)의 무역에 있어 중요한 물품이었다. 이들 나라와의 교역에서 인삼 네트워크가 펼쳐졌는데, 조선은 일본으로 인삼을 수출해 은(銀)을 결제대금으로 받았고, 이렇게 받은 은으로 중국에서 백사(帛絲)와 비단 등을 수입했다.

인삼 조형물

향보정은, 향보기(1716~1735) 연간에 만들어진 순도 80%의 은이다.

이익의 『성호사설』에는 "지금 왜인과 응접하는 일에 인삼을 판매하는 것보다 더 중대한 것이 없는데, 우리의 풀뿌리로써 저들의 은자(銀子)와 바꾸니, 그 이해를 알 수 있는 것이다."라며, 인삼부터 찾고 보는 일본인들의 모습을 기록하고 있다. 이처럼 당시 일본에서 인삼에 대한 인기와 수요는 많았는데, 이 과정에서 재미있는 일화가 전해지고 있다. 당시 일본은 조선으로부터 인삼을 수입한 뒤 은으로 결제를 했다. 그런데 은 함유량이 떨어지는 은을 결제 대금으로 치루면서 문제가 발생했다. 당연히 조선에서는 이런 은(銀)을 받을 수 없다며 퇴짜를 놓았고, 이에 일본에서 인삼 대금을 결제하기 위한 별도의 은을 만들게 되었는데, 이를 '인삼대왕고은(人蔘代王古銀)'이라 불렀다. 이 중 일본에서 향보기(1716~1735) 연간에 만들어진 순도 80%의 은을 '향보정은'이다. 이러한 삼(蔘)과 관련 있는 금표가 지금도 남아 있는데, ▶정선 강릉부 삼산봉표 ▶인제 산삼가현산서표 1, 2 등이 대표적이다.

정선 강릉부 삼산봉표

정선 강릉부 삼산봉표의 위치는 '강원특별자치도 평창군 진부면 장전리 산 1번지'로, 마항치 사거리에서 가리왕산 등산로 방향에 세워진 정선 강릉부 삼산봉표는 산삼(山蔘)의 보호를 위해 세웠다. 봉표의 전면에는 주 명문인 '강릉부삼산봉표(江陵府蔘山封標)', 좌우로 보조 명문인 '지명마항(地名馬項)'과 '정선계(旌善界)'가 새겨져 있다. 해당 명문을 통해 이 일대가 과거 강릉부에 속했던 사실과 봉표를 기준으로 강릉과 정선의 경계가 구분되었음을 알 수 있다. 정선 강릉부 삼산봉표는 지난 1992년 국유임도 개설공사 과정에서 발견된 뒤 현 위치로 옮겨졌다.

마항치 사거리

인제 산삼가현산 서표

정선 강릉부 삼산봉표

강원특별자치도 인제군 상남면 미산리에는 산삼가현산 서표(産蔘加峴山 西標) 2기가 남아 있는데, 첫 번째 산삼가현산 서표는 '강원특별 자치도 인제군 상남면 미산리 100-1번지' 인 근에 있다.[153] 옛길에 자리한 바위에는 '산삼가현산 서표(産蔘加峴山 西標)'가 새겨져 있어 가현산 일대의 산삼(山蔘)을 보호하기 위해 경계의 서쪽에 세운 표석인 것을 알 수 있다.

산삼가현산 서표 1
(産蔘加峴山 西標 1)[154]

산삼가현산 서표 2
(産蔘加峴山 西標 2)[155]

두 번째 산삼가현산 서표는 합수유원지 하천의 바위[156]에 새겨져 있는데, 명문은 앞서 본 내용과 같으니 인위적으로 훼손된 모습이다. 현재 2기의 산삼가현산 서표는 국가산림문화자산으로 등록되어 있으며, 정선 강릉부 삼산봉표와 함께 산삼(山蔘)을 보호하기 위해 세운 봉표라는 점에서 주목된다.

04 기타

구례 내동리 진목·율목봉표

구례 내동리 진목·율목봉표의 위치는 '전라남도 구례군 토지면 내동리 산36-32번지' 인근으로, 직전마을회관 인근의 피아골 계곡 바위에 새겨져 있다. 해당 봉표의 명문은 좌우로 '이상진목봉계(以上眞木封界)'와 '이하율목계(以下栗木界)'가 새겨져 있는데, 해당 바위를 기점으로 위쪽은 진목(眞木), 아래쪽은 율목(栗木)을 보호했음을 알 수 있다. 구례 내동리 율목·진목봉표는 현재 남아 있는 봉표 가운데 유일하게 확인된 진목봉표와 율목봉표의 흔적이다.

구례 내동리 율목·진목봉표

진목(眞木)의 재질과 사용 용례에 대해 박봉우는 『봉산고(1996)』에서 진목의 재질이 참나무 류로, 사용 목적은 배를 만들 때 판재를 연결해주는 나무못인 피새

이상진목봉계(以上眞木封界)

이하율목계(以下栗木界)

와 장쇠 등을 만들 때 사용되었으며, 이러한 목적의 참나무를 확보하기 위해 봉산으로 지정된 곳을 진목봉산(眞木封山)으로 정의하고 있다. 『여도비지(輿圖備志)』[157]를 보면 경상도 고성현과 황해도 금천군에 진목봉산이 있었음을 알 수 있다. 구례 내동리 진목봉표는 이러한 진목봉산의 표석이 유일하게 확인된 사례이기에 주목된다. 또한, 선박을 만들 때 주로 쓰는 나무는 바다에 접한 지역의 소나무를 활용했는데, 선재봉산(船材封山)으로 지정된 안면도(安眠島) 일대가 대표적이다. 1783년(정조 7) 10월 29일에 비변사에 올린 어사 사목(御史 事目) 중 안면도의 선재봉산 실태가 명확하게 드러나는데, 당시 안면도의 선재봉산은 도벌(盜伐)과 개간 등으로 인해 목재가 남아나지 않았음을 알 수 있다.

『영조실록』을 보면 1745년(영조 21) 11월 21일에 구례현(求禮縣)의 연곡사(燕谷寺)를 중심으로 주재봉산(主材封山)으로 지정해 율목을 가꾸도록 했

구례 피아골 계곡

서울 종묘, 정전 ©이상훈

다.[158] 주재봉산(主材封山)은 신주(神主) 제작에 필요한 나무를 보호하기 위해 지정된 봉산이다. 신주는 종묘에 부묘할 때 제작했는데, 이때 신주의 재질이 밤나무였다. 때문에 왕실에서는 필요량의 밤나무를 보호해야 했고, 이는 영조 때 연곡사를 주재봉산으로 지정한 배경이 되었다.

다만, 연곡사 한 곳만으로는 필요한 재목을 얻기 충분하지 않았던 것으로 보이는데, 3년 사이에 베어낸 나무가 300그루 밖에 되지 않았다고 한다.[159] 때문에 새로운 율목봉산의 지정과 필요성에 대해 언급하고 있다. 그 결과 순천부의 조계산 일대가 새로운 율목봉산으로 지정되었고, 봉산의 관리는 송광사(松廣寺)를 중심으로 이루졌으며, 승역을 감해주는 조

영조 계비 정순왕후 신주 ©이상훈

태조 신주 ©이상훈

치가 취해졌다.[160] 송광사 성보박물관에는 율목봉산을 관리했던 책임자의 신분증이 전시되어 있는데, 바로 총섭패(摠攝牌)다. 총섭패의 전면에는 '송광사총섭(松廣寺摠攝)'[161], 후면의 경우 '도제조(都提調)'와 수결이 새겨져 있다. 또한, 송광사는

종묘 1실 태조실 신주, 태조·신의왕후·신덕왕후 ⓒ이상훈

순천 송광사(松廣寺)

광무 4년인 1900년(고종 37)에 향탄봉산으로 지정되었는데, 이를 보여주는 흔적이 '송광사 향탄봉산별순행금송패(松廣寺 香炭封山別巡行禁松牌)'다.

○ 상주 조공제(趙公堤)와 밤나무

상주 조공제(趙公堤)

상주 조공제(趙公堤)는 '경상북도 상주시 복룡동 504-3번지'와 '504-1번지'에 걸쳐 이어져 있는 제방으로, 상주목사로 재직한 조병로(1849~1886)에 의해 만들어졌다. 조공제의 제방에는 밤나무가 심어져 있는데, 과거에는 '율수(栗藪)'라는 이름으로 불리기도 했다. 임진왜란 때는 상주읍성 탈환 작전 중 조선군이 매복했던 장소로, 이때 지휘한 장수가 정기룡 장군(1562~1622)으로 알려져 있다. 이곳에 밤나무를 심은 이유는 조공제의 서쪽 산 지형이 지네를 닮았기에 지네가 싫어하는 밤나무를 심었다고 전하고 있다.

제방에 심어진 밤나무

제방에 세워진 조공제(趙公堤)가 새겨진 비석

조병로 거사비

○ **구례 연곡사**(鷰谷寺)

구례 연곡사(鷰谷寺)의 창건은 명확하지 않으나 안내문을 보면 통일신라 때 연기(緣起)에 의해 창건된 것으로 전한다. 이후 연곡사는 임진왜란과 구한 말 의병장 고광순(高光洵, 1848~1907)의 활동 거점이자 한국전쟁 등의 굵직한 사건을 거치는 동안 소실과 중창이 반복되었다.

연곡사는 영조 때 왕실의 신주를 제작하기 위한 주재봉산(主材封山)으로

구례 연곡사

구례 연곡사 동 승탑(국보)

구례 연곡사 북 승탑(국보)

구례 연곡사 소요대사탑(보물)

구례 연곡사 삼층석탑(보물)

구례 연곡사 동 승탑비(보물)

구례 연곡사 현각선사탑비(보물)

의병장 고광순의 흔적이 남아 있는 연곡사

지정되었는데, 이를 보여주는 흔적이 구례 내동리 진목·율목봉표다. 또한, 사찰 경내에는 많은 국보급의 문화재가 자리하고 있는데, ▶구례 연곡사 동 승탑 ▶구례 연곡사 동 승탑비 ▶구례 연곡사 북 승탑 ▶구례 연곡사 현각선사탑비 ▶구례 연곡사 소요대사탑 ▶구례 연곡사 삼층석탑 등이 있다.

함안 벽소령 봉산정계 각석

함안 벽소령 봉산정계 각석 ⓒ지리산국립공원관리공단 경남사무소 하동분소 조봉근 주무관

봉산정계(封山定界)

지리산 벽소령 대피소 인근에서 봉산정계(封山定界) 각석이 확인되었다.[162] 해당 바위에는 '봉산정계(封山定界)'가 새겨져 있어, 봉산의 경계를 표시한 것임을 알 수 있다. 추가 명문이나 관련 기록을 찾을 수 없어 어떤 유형의 봉산인지는 알 수 없다. 다만, 봉산(封山)이 새겨진 것으로 보아 봉산 제도가 시행된 조선 후기에 새겨진 것으로 추정된다.

광주 산성리 금림조합비

경기도 광주시와 하남시, 성남시 등에 걸쳐 있는 남한산성(南漢山城)은 병자호란(丙子胡亂) 당시 인조가 피신했던 성곽이자 672년(문무왕 12)에 신라가 쌓은 주장성(晝長城)으로 추정되는 곳이다.

유네스코 세계유산으로 등재된 남한산성에는 울창한 소나무 숲이 있는

광주 남한산성

좌전. 정전과 영녕전으로 구성되어 있다.

남한산성 행궁, 내행전

데, 남한산성 소나무 숲은 지난 2016년 아름다운 숲으로 선정되어 생명상(대상)을 받기도 했다. 그런데 지금의 소나무 숲이 있기까지 남한산 금림조합의 역할이 컸는데, 이러한 역사의 흔적을 담고 있는 비석이 바로 금림조합비다.

남한산성의 소나무 숲을 보호한 남한산 금림조합과 금림조합비

남한산성 행궁에서 좌전(左殿)으로 올라가는 길 우측에 비석 2기가 있는데, 금림조합비(禁林組合碑)다. 이 비석은 이영래(李永來), 석동균(石東均) 두 사람의 영세불망비(永世不忘碑)인데, 일종의 공덕비라고 할 수 있다. 두 비석 전면 명문은 다음과 같다.

이영래 영세불망비   석동균 영세불망비   금림조합비

"산성리금림조합장석공동균영세불망비(山城里禁林組合長石公東均永世不忘碑)

창설조합 손재금림 일성뢰덕 영충공금(刱設組合 損材禁林 一城賴德 永忠公襟)"

- 석동균 영세불망비

"산성리금림조합장리공영래영세불망비(山城里禁林組合長李公永來永世不忘碑)
손금애호 수목총생 창창회울 백세방명(損金愛護 樹木叢生 蒼蒼薈蔚 百世芳名)"
- 이영래 영세불망비

두 비석을 통해 공통적으로 산성리 금림조합장(禁林組合長)을 지낸 석동균과 이영래의 불망비인 것과 이들이 산림조합을 창설하고, 손해를 감수하면서 산림을 보호하기 위해 힘쓴 것을 기려 비를 세웠음을 알 수 있다. 후면의 경우 두 비석의 명문 모두 아래와 같이 동일하다.

"□□□□甲戌正月日(□□□□갑술정월일)
李舜永外役員三十七人立(도감독리순영외역원삼십칠인립)"

후면의 명문을 통해 비석을 세운 시기가 갑술년(甲戌年) 정월(戌正)인 것과 도감독 이순영(李舜永) 외 37인이 비석을 세운 것을 알 수 있다. 이 가운데 훼손된 '□□□□' 명문의 경우 일본의 연호가 새겨진 부분으로, 인위적인 훼손이 가해졌다. 다만 비석에 새겨진 갑술년이 1934년으로 추정되기에 훼손된 명문은 소화구년(昭和九年)인 것을 알 수 있다.

한편, 남한산성의 소나무가 보존될 수 있었던 건 산성리 마을 주민들이 만든 '남한산 금림조합'의 영향이 컸다. 남한산성의 소나무 숲이 훼손될 위기에 처했을 때 주민들은 '금림조합'을 만들었고, 조합원들이 낸 월회비를 모아 50인의 산감(山監)을 뽑았다. 그리고 여섯 명씩 조를 만들어 남한산성 내 소나무 숲을 순찰·감시했다. 이러한 주민들의 자발적인 활동을 통해 남한산성의 소나무 숲은 온전히 보전될 수 있었던 것이다.

남한산성의 소나무 숲

충주 미륵리 봉산 표석

충주 미륵리 봉산 표석[163]은 현재 충주박물관의 야외에 전시 중이다. 배재수의 논문(1999)[164]에 따르면 해당 표석의 최초 위치는 미륵리 버스정거장 앞 논둑길 자연석 댓돌 위에 세워져 있었다고 한다. 이후 1990년 대초 마을 주민인 김주진 옹이 현재의 미륵사지터로 직접 옮겨놓고 관리했다는 증언이 기록되어 있다. 또한, 김주진 옹과 현지 주민들 역시 봉산(封山)의 명확한 목적에 대해서는 알지 못했다고 한다.

충주 미륵리 봉산 표석

해당 표석을 통해 미륵리 일대가 봉산(封山)으로 지정된 것을 알 수 있지만, 어떤 목적의 봉산인지는 명확하지 않다. 배재수는 위 논문에서 조령봉산(鳥嶺封山)의 경계표석이자 조령관방(鳥嶺關防)의 산림을 보호하는 측면에서 해석했다. 다만, 동일한 형태의 ▶문경 황장산 봉산 표석 ▶예천 명봉리 봉산 표석의 경우 위치와 기록을 통해 황장봉산 관련 금표로 추정되는 반면, 충주 미륵리 봉산 표석의 경우 판단할 수 있는 근거가 명확하지 않아 어떤 목적의 봉산인지는 추가적인 연구가 필요하다.

4장

사찰
금표

안동 봉정사 금혈비

안동 봉정사 금혈비는 일주문의 좌측 숲속에 있는데, 기존『한국향토문화전자대전』과『디지털안동문화대전』등에 봉정사 금혈비의 존재와 위치를 정확히 언급하고 있다. 지난 2019년에 금혈비로 추정되는 현장을 찾았을 때 비신이 뒤집힌 채 방치되고 있었다. 당시 비석의 형태와 위치를 볼 때 기록에 언급된 봉정사 금혈비일 것으로 추정했으나 명문은 확인하지 못했고, 기록에 언급된 비좌 역시 보이지 않았다.

안동 봉정사 금혈비

확인된 전면의 명문, '영서암국내유금혈 임술이월일립'

그러다 이번에 금표 관련 조사를 진행하기 위해 연구소 회원들과 함께 현장을 찾았는데, 3년 전과 별반 다르지 않은 모습이었다. 이 과정에서 비석의 명문을 확인하기 위해 뒤집혀 있는 비석을 들자 전면에 새겨진 명문이 눈에 들어왔다. 비석의 명문을 한자씩 확인하다 '금혈(禁穴)' 부분에서 시선이 멈췄다. 봉정사 금혈비인 것이 명확해진 순간이었다. 이날 확인한 금혈비의 주 명문은 '영서암국내유금혈(靈西菴局內有禁穴)', 보조 명문인 '임술이월일립(壬戌二月日立)'이 새겨져 있는데, "영서암 내 장묘 행위를 금지한다. 임술년 2월에 비석을 세우다."로 해석된다.

영서암. 기록에는 '靈西庵'으로 기록되어 있는데, 둘 다 음과 뜻이 동일한 이체자다.

비좌. 바위 아래쪽에서 확인된 비좌. 앞부분에 '前'이 새겨져 있다.

그런데 위의 두 기록에 소개된 명문과 비교해보면 영서암 부분에서 차이가 있다. 기록에는 '靈西庵'인 반면 비석에는 '靈西菴'이 새겨져 있는데, '靈'과 '菴'의 경우 음과 뜻이 동일한 이체자로 확인된다. 영서암이 어디를 이야기하는지는 알 수 없으나 비석의 위치로 볼 때 봉정사 내 암자를 지칭했을 것으로 추정된다. 또한, 추가 명문이 없어 임술년(壬戌年)이 언제인지 특정하기는 어렵다. 한편, 금혈비의 전면 명문을 확인하는 과정에서 비좌를 확인했는데, 앞부분에 '전(前)'이 새겨져 있다.

안동 봉정사(鳳停寺)

봉정사 만세루(경상북도 유형문화재)

봉정사 대웅전(국보)

봉정사 화엄강당(보물)

안동 봉정사(鳳停寺)는 '경상북도 안동시 서후면 태장리 901번지'에 있는데, 문무왕 때인 672년 능인에 의해 창건된 것으로 전한다. 봉정사는 유네스코 세계유산 산사, 한국의 산지 승원 7곳[165]에 포함된 곳으로, 국내 목조 건축물 중 가장 오래된 극락전(極樂殿)이 있다. 또한, 1999년 4월 21일에 엘리자베스 2세 영국 여왕이 방문한 장소로도 유명하다. 한편, 봉정사 경내에는 만세루(萬歲樓), 대웅전(大雄殿), 극락전(極樂殿), 고금당(古今堂), 화엄강당(華嚴講堂), 봉정사 삼층석탑 등이 있다.

봉정사 극락전(국보)

봉정사 고금당(보물)

사천 다솔사 어금혈봉표

사천 다솔사 어금혈봉표[166]는 바위의 전면에 주 명문인 '어금혈봉표(御禁穴 封表)'와 좌측에 보조 명문인 '광서십일년을유구월일(光緒十一年乙酉九月日)'이 새겨져 있다. 이를 통해 광서 11년인 1885년(고종 22) 9월에 봉표를 새겼음

사천 다솔사 어금혈봉표

을 알 수 있다. 또한, '어(御)'를 통해 해당 봉표가 고종의 명에 의해 내려진 사실과 그 목적이 다솔사 일대의 장묘 행위를 금지하기 위함임을 알 수 있다.

사천 다솔사(多率寺)

사천 다솔사(多率寺)는 '경상남도 사천시 곤명면 용산리 85번지'에 있는

다솔사로 가는 길

극락전(경상남도 문화재자료)

데, 봉명산에 있어 봉명산 다솔사로도 불린다. 다솔사는 여러 번의 명칭 변경이 있었는데, '영악사(靈嶽寺)-다솔사-영봉사(靈鳳寺)-다솔사'로 개칭되었다. 또한, 다솔사는 만해 한용운(韓龍雲, 1879~1944)을 필두로 불교계의 항일 비밀결사조직인 만당(卍黨)의 근거지였던 곳이다. 다솔사의 문화재로는 대양루(大陽樓)와 극락전(極樂殿), 응진전(應眞殿), 다솔사 괘불도 등이 있다.

대양루(경상남도 유형문화재)   응진전(경상남도 문화재자료)

청주 월리사 폐단금비

청주 월리사 폐단금비의 위치는 '충청북도 청주시 상당구 문의면 문덕

청주 월리사

리 산83-2번지'로, 월리사로 들어가는 초입에 월리사 사적비와 부도 등과 함께 세워져 있다. 『동국여지지』 문의현 조에 월리사가 확인되는데, 현의 남쪽 10리에 있다고 적고 있다. 월리사는 의상(義湘, 625~702)이 창건했다고 전할 뿐, 현재 남아 있는 건물은 조선시대에 중창한 흔적뿐이다.

한편, 월리사 폐단금비의 명문은 일부를 제외하면 육안 판독이 가능한 수준이다. 요약해보면 월리사의 위치[167]와 폐단금비가 새겨져 있으며, 삼성전에 패(牌)[168]를 봉안한 기록이 확인된다.[169] 이 같은 이유로 크고 작은 사람들의 출입과 장묘, 경작 등의 행위를 금지[170]하게 했던 것으로 추정된다. 비를 세운 시기는 을유년(乙酉年)이자 도광(道光) 5년인 1825년(순조 25) 4월이다.

월리사 사적비

청주 월리사 폐단금비

대구 파계사 원당봉산 표석

　대구 파계사 원당봉산 표석은 한
티휴게소에서 파계봉 사이의 등산
로 상에 위치[171]하고 있으며, 표석
의 전면에 '원당봉산(願堂封山)'이 새
겨져 있다. 해당 표석은 원당사찰
과 봉산의 관계를 보여주는 흔적이
자 현재까지 실물이 유일하게 확인
된 사례이기에 주목된다.

　원당(願堂)은 죽은 이의 명복을 빌
기 위한 목적의 사찰로, 대표적으
로 신라 신문왕이 아버지 문무왕을

대구 파계사 원당봉산 표석

안성 칠장사

경주 감은사지

한티휴게소에서 파계봉으로 가는 길에 볼 수
있는 원당봉산 표석

대구 파계사 기영각(祈永閣)

위해 지은 사찰인 경주 감은사(感恩寺), 세조의 명복을 빌기 위해 원당으
로 삼은 남양주 봉선사(奉先寺), 선조(宣祖, 재위 1567~1608)와 인목대비(仁穆
大妃, 1584~1632)의 아들인 영창대군(永昌大君, 1606~1614)과 아버지 김제남
(金悌男, 1562~1613)의 위패를 봉안하고 원당으로 삼은 안성 칠장사(七長寺)
등이 있다.

한편, 해당 표석에 새겨진 원당은 파계사(把溪寺)로, 왕실의 위패를 봉
안하고 영조의 탄생 관련 이야기가 전할 만큼 왕실과 밀접한 연관이 있
는 곳이다. 이를 보여주듯 사찰 경내에는 하마비가 남아 있어 당시 파계
사의 지위를 가늠해볼 수 있다.

보은 법주사 봉교비[172]

보은 법주사 일주문을 지나 걷다 보면 속리산사실기비(俗離山事實記碑)
옆에 두 기(基)의 비석이 있는 것을 볼 수 있는데, '벽암대사비'와와 '봉교

비(奉教碑)'다. 이 중 봉교비를 주목할 필 요가 있는데, 조선시대 법주사의 지위 를 이해하는 데 있어 매우 중요하다. 해 당 비석의 전면에는 '봉교 금유객제잡역 함풍원년삼월일립 비변사(奉教 禁遊客除 雜役 咸豊元年三月日立 備邊司)'가 새겨져 있 다. '봉교(奉教)'란 임금이 내린 명령을 받 든다는 의미로, '금유객제잡역(禁遊客除雜 役)'은 법주사 일대에서 노는 행위를 금

보은 법주사 봉교비

보은 법주사

법주사 경내에 있는 선희궁 원당　　　　　　보은 순조 태실

지하고 승려들의 잡역을 면제[173]한다는 의미로 해석된다.

　봉교비의 내용 중 노는 행위를 금지한 것은 산수유람(山水遊覽)과 연결
지을 수 있다. 당시 선비들은 산수(山水)를 유람한 뒤 기행문을 남기곤 했
는데, 당시 율봉우관(栗峰郵官)으로 있던 남몽뢰(南夢賚, 1620~1681)가 속리
산을 다녀온 뒤『유속리산기(遊俗離山記)』를 남기기도 했다. 정치영은『사
대부, 산수유람을 떠나다(2014)』에서 속리산으로 산수유람을 떠난 사대부
들의 대한 특성을 남긴 바 있는데, 11명의 선비[174] 가운데 7명이 속리산이
있는 인근 지역[175]에 거주하고 있으며, 당색에 있어 노론 계열의 인물들이
많다고 분석하고 있다. 이유는 속리산 인근에 노론의 영수인 송시열의
유적지, 화양서원(華陽書院)과 화양구곡(華陽九曲), 만동묘(萬東廟) 등이 있
기 때문이라고 보고 있다. 또한, 이옥이 쓴『중흥유기(重興遊記)』에는 이옥
의 일행이 북한산을 유람하면서 이틀간 밥을 먹고 머문 곳이 태고사(太古
寺)와 진국사(鎭國寺)였다. 이는 당시 사대부들이 산수유람 과정에서 사찰
에서 숙박과 식사를 했음을 보여준다. 따라서 봉교비는 법주사 일대에서
행패를 부리거나 노는 행위를 금지한다는 의미로 해석된다.

한편, 봉교비의 명문을 통해 함풍 원년인 1851년(철종 2) 3월에 비변사(備邊司)의 주도로 세웠음을 알 수 있다. 또한, 사찰에 봉교비를 세운 건 법주사가 일반적인 사찰과는 다르다는 것을 의미한다. 실제 법주사에는 왕실 관련 흔적들이 남아 있는데, 사도세자의 어머니인 영빈 이씨의 선희궁 원당(宣喜宮 願堂)과 순조 태실이다. 즉, 당시 법주사의 지위는 원당 사찰이자 태실수호사찰로, 승려들의 잡역을 면하게 해준 것도 이 때문이다. 따라서 이 같은 배경에서 봉교비가 세워졌다고 보는 것이 옳다.

○ **보은 법주사**(法住寺)

법주사 팔상전(국보)

법주사 대웅보전(보물)　　　　　　법주사 일주문

　　보은 법주사(法住寺)는 '충청북도 보은군 속리산면 사내리 209번지'에
있으며, 의신(義信)이 흰 나귀에 불경을 싣고 와서 창건한 것으로 알려져
있다. 유네스코 세계유산인 산사, 한국의 산지 승원 중 한 곳이다. 일주
문의 현판에는 호서제일가람(湖西第一伽藍)이 새겨져 있으며, 이밖에 법주
사 경내에는 목탑인 법주사 팔상전(捌相殿), 쌍사자 석등, 석련지(石蓮池),
대웅보전, 법주사 벽암대사비 등이 있다.

법주사 석련지(국보)　　　　　　법주사 벽암대사비(충청북도 유형문화재)

법주사 쌍사자 석등(국보)

법주사 석조희견보살입상(보물)

03 사찰 내 행위 금지

합천 해인사 금패와 행위 금지 각석

합천 해인사 금패와 행위 금지 각석은 무릉교 주변과 홍류동 계곡을 중심으로 도로 옆 바위, 룸비니 동산 인근의 바위 등에 새겨진 각석이다. 이렇게 많은 각석 가운데 금표와 관련이 있는 부분은 크게 ▶금패(禁牌) ▶대지계내물입택묘(大地界內物入宅墓) ▶하교남여필파 서정규(下敎籃轝筆罷 徐廷圭) ▶조산대 물 설주점사 관 겸사 갑(造山臺 勿 設酒店事 官 兼使押) 등이다. 다른 금표와 달리 해당 각석들의 위치가 차이가 크기에 정확한 위치

금패(禁牌)가 새겨진 바위

'관인 금패(官人 禁牌)'가 새겨져 있다.

를 알고 가지 않으면 초행길에 찾기 쉽지 않다.

해인사 금패(禁牌)는 '경상남도 합천군 가야면 구원리 산14-2번지'[176]로, 무릉교 비석을 기준으로 좌측 바위에 '관인 금패(官人 禁牌)'가 새겨져 있는데, 출입을 금지하는 팻말의 의미로 해석된다. 반면, 또 다른 금패의 사용 용례 가운데 증표(證票)임을 표시하는

남해 용문사 금패. 전면에 '수국사금패(守國寺禁牌)'가 새겨져 있다. ⓒ남해군청

경우도 있다. 증표의 목적은 위법을 단속하기 위해 발급한 증명서의 개념이다. 가령, 왜관금란관(倭館禁亂官)은 금란패를 가진 임시 관원으로, 왜관(倭館) 일대의 위법을 단속했다. 때문에 옛 기록에서 금패를 발급했거나 내려줬다는 식의 기록을 어렵지 않게 볼 수 있다. 이러한 금패의 실물이 지금도 남아 있는데, '남해 용문사 금패'가 대표적이다. 나무 재질의 동그란 형태인 남해 용문사 금패의 전면에는 '수국사금패(守國寺禁牌)'가 새겨져 있다.

해인사 금패는 금석문으로 확인되는 유일한 사례로, 함께 새겨진 '관인(官人)'을 통해 금패의 설정에 관이 관여했음을 보여준다. 이와 관련해『국립공원 문화자원 자료집, 금석문』에서는 해인사 금패에 대해 다음과 같이 적고 있다.

"마지막으로 자연석 암반 맨 위에 새겨진 각석으로
'금패(禁牌)'라 새겨져 있다. 이는 출입을 금지한다는 의미이다.
금패라고 새겨진 것은 조선시대 해인사와 팔만대장경에 대한
특별지침이 있었고 여기에 해인사의 땅과 임야를
표시해 둔 기록으로 보인다."[177]

해인사 금패를 새긴 이유는 또 다른 각석인 '대지계내물입택묘(大地界內物入宅墓)'와 '하교남여필파 서정규(下敎籃轝筆罷 徐廷圭)' 각석을 통해 유추할 수 있다.

대지계내물입택묘(大地界內物入宅墓)' 각석은 '경상남도 합천군 가야면 구원리 산14−2번지'[178]에 있는데, 해석해보면 경계 안으로 집과 묘를 들이지 못하도록 한 것으로 보인다. 명문 옆에는 수결도 확인되는데, 여기서 경계는 금패의 설정 범위와 관련 있는 것으로 보인다. '대지계내물입택묘(大地

금패(禁牌Ⓐ)가 새겨진 바위 아래 자리한 무릉교 교목대시주경식불망비(武陵橋 橋木大施主擎植不忘碑Ⓑ)와 대지계내물입택묘(大地界內物入宅墓Ⓒ)

무릉교 교목대시주경식불망비
(武陵橋 橋木大施主擎植不忘碑)

대지계내물입택묘
(大地界內物入宅墓)

界內物入宅墓)' 각석은 이호윤의『유가야산록』에서도 확인되는데, 이호윤이 무릉교(武陵橋)의 주막에서 술을 마신 뒤 날이 저물 무렵 무릉교에 도착해 다리 아래 못의 이름을 '계주담(繫舟潭)'이라 지었다고 한다. 그리고 무릉교 인근 바위에 붉은 글씨로, '대지계내물입택묘(大地界內物入宅墓)'가 새겨져 있다며, 이순상의 글씨라고 적고 있다.[179] 또한, 해당 각석 바로 옆에는 '무릉교 교목대시주경식불망비(武陵橋 橋木大施主擎植不忘碑)'가 새겨져 있어 옛 무릉교가 있던 자리임을 알 수 있다.

'하교남여필파 서정규(下敎籃轝筆罷 徐廷圭)' 각석은 '경상남도 합천군 가야면 구원리 산2-2번지'[180]의 도로 우측 벽에 새겨져 있다. 남여(籃轝)는 가마를 뜻하는데, 당시에는 유람 온 관리와 유생들의 남여를 스님들이 메고 이

'하교남여필파 서정규
(下敎籃轝筆罷 徐廷圭)'

동했다고 한다. 따라서 해당 각석은 이러한 행위를 하교로 금지했음을 보여주는 흔적이다.[181] 또한, 함께 기록된 서정규(徐廷圭)는 해당 각석을

새긴 사람으로, 고종 때 활동했던 인물이다.

순천 송광사에서도 이와 유사한 '칙령 남여혁파 기해 강석호(勅令 籃轝革罷 己亥 姜錫鎬)'가 새겨져 있다. 해당 각석은 칙령을 통해 남여(籃轝)를 혁파한다는 내용으로, 앞선 해인사 하교남여필파(下敎籃轝筆罷)와 동일한 의미로 해석된다. 강석호(姜錫鎬)는 고종 때

순천 송광사, '칙령 남여혁파 기해 강석호(勅令 籃轝革罷 己亥 姜錫鎬)' ⓒ임병기

활동한 인물로, 기해년(己亥年)은 1899년(고종 36)에 해당한다. 이를 통해 합천 해인사와 순천 송광사에서 확인된 두 각석이 새겨진 시기가 고종 때임을 알 수 있다.

마지막으로 조산대 각석은 '경상남도 합천군 가야면 치인리 산 14-2번지'[182]에 있는데, 룸비니 동산이 있는 길 옆 바위에 '조산대 물 설주점사 관 겸사 갑(造山臺 勿 設酒店事 官 兼使 押)'이 새겨져 있다. 해석해보면 조산대를 시작

조산대 각석 ⓒ임병기

으로 주점의 설치를 금지한 것으로 보이는데, 해인사 금패와 여러 행위 금지 관련 각석들을 종합해보면 숭유억불(崇儒抑佛) 시대였던 조선에서 해인사가 어떻게 인식되고 있었는지를 보여준다는 점에서 의미 있게 바라볼 장소다.

○ 합천 해인사와 팔만대장경

해인사 고사목. 해인사 창건 주
역인 순응과 이정이 심은 나무
라고 전한다.

법보사찰(法寶寺刹)인 합천 해인사(海印寺)는 순천 송광사와 양산 통도사 등과 함께 삼보사찰(三寶寺刹)[183]로 인식될 만큼 유서 깊은 곳이다. 해인사의 창건은 802년(애장왕 3)으로, 승려 순응과 이정에 의해 창건[184]된 것으로 전하는데, 지금도 해인사 일주문을 지나면 이때 심은 것으로 전하는 고사목이 남아 있다.

또한, 해인사 경내에는 대가야 건국 설화의 주요 인물인 정견모주(正見母主) 관련 장소들이 있는데, '국사당(國師堂)'과 '영지'다. 이밖에 해인사는 말년에 고운 최치원 선생이 거처하며 저술 활동을 이어간 장소로 유명하며, 해인사 경내에 학사대 관련 조형물을 비롯해 홍류동 계곡에 세워진 둔세비 등 관련 흔적이 다

영지와 해인사 국사당

수 확인되고 있다. 또한, 홍류동 계곡을 중심으로, 계곡과 도로 옆 석벽에는 수많은 각석들이 확인되고 있는데, 이는 조선시대 사대부들의 산수유람의 흔적으로 주목되고 있다. 정치영은 『사대부, 산수유람을 떠나다(2014)』에서 가야산 여행자는 모두 16명의 선비[185]로, 이 가운데 현직 관료는 없는 것으로 나타났다. 또한, 충청도 회덕 출신의 송병선을 제외하면 모두 경상도에 거주하고 있으며, 당색에 있어 편향성은 나타나지 않는다고 분석했다.

해인사 학사대 조형물

홍류동 계곡

농산정

농산정 석주

최치원 제시석처비

고운 최선생 둔세비

최치원 둔세시

이범진 각석

홍류동 계곡의 금석문 1

홍류동 계곡의 금석문 2

해인사 장경판전

　한편, 해인사와 관련해 가장 유명한 건 바로 팔만대장경이다. 팔만대장경의 다른 이름은 고려대장경(高麗大藏經) 혹은 재조대장경(再雕大藏經) 등으로 불리고 있으며, 그 자체가 국보이자 유네스코 세계 기록 유산이다. 또한, 팔만대장경을 보관하고 있는 장경판전(藏經板殿) 역시 별도의 국보로 지정되어 있는데, 오랜 세월이 지났음에도 목판으로 만든 대장경이 남아 있다는 건 놀라운 일이다.

김영환 장군 공적비

장경판전에 보관 중인 팔만대장경

그런데 이러한 팔만대장경을 보호하는 데 있어 공을 세운 인물이 있어 눈길을 끈다. 김영환 장군(金英煥, 1921~1954)으로, 한국전쟁 당시 가야산 일대에 있던 빨치산을 토벌하는 과정에서 상부로부터 해인사를 폭격하라는 명령을 받았음에도 이를 거부했다. 때문에 팔만대장경이 온전히 보전될 수 있었고, 이를 기리기 위해 해인사에 김영환 장군의 공적비가 세워졌다.

○ 해인사 용탑선원 하마비와 외나무다리

합천 해인사와 용탑선원 사이에 외나무다리가 있는데, 본래 이곳에 있던 외나무다리는 노후가 심해 성보박물관의 야외로 옮겼다. 이곳에 외나무다리가 있는 이유는 말을 탄 양반들이 이곳까지 와서 행패를 부리는 것을 막기 위함이었다고 한다.

그런데 외나무다리를 건너면 비석이 하나 눈에 띄는데, 해인사 용탑선

해인사와 용탑선원 사이에 있는 외나무다리

성보박물관의 야외에 전시 중인 외나무다리. 노후가 심해 이곳으로 옮기고, 새로 외나무다리를 설치한 것이다.

원 하마비다. 그런데 이곳 하마비는 우리가 알고 있는 일반적인 하마비와는 차이가 있다. 일반적인 하마비의 전면에는 대체로 '하마(下馬)' 혹은 '대소인원개하마(大小人員皆下馬)' 등이 새겨져 있어 신분의 지위를 막론하고, 말에서 내려 걸어가라는 의미다. 원찰이나 태실 수호사찰처럼 왕실과 관련 있는 사찰의 경우 하마비를 세웠다. 이유는 조선은 숭유억불(崇儒抑佛)의 시대였고, 양반들이 사찰에 와서 행패를 부리는 경우도 많았기 때문이다. 다만 용탑선원 하마비는 일반적인 하마비와는 다르다.

용탑선원 하마비의 전면에는 "교기통마우(橋忌通馬牛) 후인신차규(後人信此規) 고래가일조(古來架一條) 신물가첨보(慎勿加添補) 불기이구칠오년무자지추시립(佛紀二九七五年戊子之秋寺立), 시주지 임환경(時住持 林幻鏡)"이 새겨져 있다. 안내문에 따르면 "다리에 소와 말이 지나는 것을 꺼림이니 후세 사람들은 이를 본보기로 삼을 지니라 옛날부터 한 가닥으로 건너지름이니 삼가 첨가하거나 덧붙이지 말도록 하라."라고 해석하고 있다. 또한,

해인사 용탑선원 하마비

보조 명문을 통해 1948년에 주지 스님인 임환경(林幻鏡)이 비를 세웠음을 알 수 있다.

양산 통도사 산문금훈주 표석

양산 통도사 산문금훈주 표석은 매표소를 지나 무풍한송로 길 시작점에 세워진 두 기의 표석 중 좌측 표석으로, 전면에 '산문금훈주(山門禁葷酒)', 후면에 '□□오년춘 세존응화이구사삼년 주지 구하 필(□□五年春 世尊應化二九四三年 住持 九河 筆)'[186]이 새겨져 있다고 한다. 해석해보면 산문 내 매운 채소[187]와 술을 금지한다는 의미로, 비를 세운 사람은 주지 스님인 구하(九河)다. 또한, 비를 세운 시기는 1916년으로, 이 경우 훼손된 명문은 대정(大正) 5년으로 확인된다.

무풍교에 못 미쳐 무풍한송로 길 입구에 세워진 두 기의 표석

좌측에 세워진 양산 통도사 산문금훈주 표석

표석의 후면, 'ㅁ ㅁ 오년춘 세존응화이구사삼년 주지 구하 필(□□五年春 世尊應化二九四三年 住持 九河 筆)'이 새겨져 있다.

○ **양산 통도사**(通度寺)

　영축산에 자리한 불보사찰(佛寶寺刹)인 양산 통도사(通度寺)는 삼보사찰의 하나이자 석가모니의 진신사리를 모신 적멸보궁(寂滅寶宮)이 있어 많은 불교 신자들이 찾는 성지다. 또한, 유네스코 세계유산인 '산사, 한국의 산지 승원'에 포함된 곳으로, 사찰의 입구에는 '일주문(一柱門)·천왕문(天王門)·불이문(不二門)'이 배치되어 있다. 이밖에 대웅전과 금강계단을 중심으로 상로전(上爐殿)과 중로전(中爐殿), 하로전(下爐殿)의 가람배치로 구분되는 것이 특징이다.

양산 통도사의 전경

통도사 하마비   통도사 대웅전

무풍한송로의 소나무와 바위에 새겨진 각석

화성 용주사 금연·금주

화성 용주사를 들어서면 일반적인 사찰에서 보기 드문 홍살문과 삼문
이 눈길을 끄는데, 삼문의 좌우 계단을 유심히 보면 특이한 각석이 있다.
금연(禁煙)과 금주(禁酒)로, 사찰 내에서 담배를 피우고, 술을 마시는 행위

용주사 삼문, 계단의 좌우 동그라미 부분에 금연(禁煙Ⓐ)과 금주(禁酒Ⓑ) 각석이 있다.

금연(禁煙)   금주(禁酒)

를 금지한다는 의미다. 해당 각석이 언제 새겨진 것인지 알 수가 없기에 표석 관련 정보는 제한적이나 앞선 양산 통도사 산문금훈주 표석의 사례처럼 사찰 내 특정 행위를 금지했다는 점에서 주목된다.

○ 화성 용주사(龍珠寺)

화성 용주사(龍珠寺)의 위치는 '경기도 화성시 송산동 188번지'로, 영우원이 화산으로 천봉되면서 기존 갈양사(葛陽寺) 터 위에 지어졌으며, 현륭원의 원찰이자 조포사(造泡寺)[188]였다. 용주사는 그 이름부터 남다른데, 용 '용(龍)'에 구슬 '주(珠)'를 썼다.

용주사 홍살문

용주사 현판

일설에는 낙성식 전날 정조는 용이 여의주를 문 꿈을 꾸었다 해서 붙여진 이름이라고도 하는데, 융릉(隆陵)의 지형이 반룡농주형(盤龍弄珠形)[189]인 점을 고려해보면 여러모로 의미심장한 이름이다.

삼문을 들어서면 천보루(天保樓)와 오층석탑을 지나게 되며, 천보루 뒤

천보루(경기도 문화재자료)

대웅보전 목조삼세불좌상(경기도 유형 문화재)와 후불
탱화(경기도 유형 문화재), 단원 김홍도가 그렸다는 설
이 있다.

대웅보전(보물)

부모은중경탑

로 용주사 대웅보전(大雄寶殿)이 자리
하고 있다. 한편 용주사에는 많은 문
화재가 있는데, 이 가운데 외부에 있
는 문화재를 일부 소개해보자면 고려
시대에 만들어진 용주사 동종(龍珠寺 銅
鍾)과 용주사 대웅보전, 대웅보전 내부
에 있는 용주사 대웅보전 목조삼세불
좌상과 후불탱화, 용주사 오층석탑 등
이 있다.

용주사 오층석탑(경기도 유형문화재)

용주사 동종(국보)

04   기타

양산 팔도승지금지석

양산 팔도승지금지석은 '경상남도 양산시 하북면 지산리 513번지'에 있는데, 전면에 '팔도승지금지석(八道僧之禁地石)'이 새겨져 있다. 그런데 명문의 경우 해석에 따라 달라질 여지가 있다.[190] 즉, 팔도 승려들이 금지한 땅부터 팔도 승려들의 출입을 금지한 땅 등의 해석이 가능하다.

양산 팔도승지금지석

안내문을 보면 영축산의 지맥이 통도사로 이어지기 때문에 무덤을 쓰는 것을 금지하기 위해 세운 것으로 해석하고 있다. 다만, 표석에 직접적으로 무덤을 쓰는 것을 금지한다는 명문이 없는데, 앞선 사례인 ▶사천 다솔사 어금혈봉표 ▶안동 봉정사 금혈비 ▶청주 월리사 폐단금비의 경우 무덤을 쓰는 것을 금지하는 내용이 있는 점과는 비교된다. 또한, 후자의 의미를 따르자면 숭유억불(崇儒抑佛) 시대였던 당시의 시대상을 보여준다는 점에서 주목된다.

강진 무위사 금표비

강진 무위사 경내에는 무위사 금표비가 있는데, 전면에는 '월출산 무위사 금표(月出山 無爲寺 禁標)'가 새겨져 있다. 무위사와 관련이 있는 금표인 것은 확실하지만 어떤 목적으로, 언제 세운 것인지는 알 수 없다.

강진 무위사 금표비   하단에 새겨진 금표(禁標), 무위사와 관련이 있는 것은 분명하지만 어떤 목적의 금표인지는 알 수가 없다.

○ 강진 무위사(無爲寺)

무위사(無爲寺)는 '전라남도 강진군 성전면 월하리 1174번지'에 있는데,
『신증동국여지승람』 강진현 조를 보면 월출산에 무위사가 있고, 개운(開
運) 3년에 도선(道詵)에 의해 세워졌다고 기록하고 있다. 이후 무위사가
중수된 뒤 수륙사(水陸寺)[191]로 지정되었으며, 『태종실록』을 보면 1407년(태
종 7)에는 자복사(資福寺)[192]로 지정되었음을 알 수 있다.

무위사에서 주목해볼 문화재는 무위사 극락보전(極樂寶殿)을 비롯해 내
부에 모셔진 무위사 목조아미타삼존좌상이 있다. 또한 경내에는 '무위사

강진 무위사 일주문

목조아미타삼존좌상(보물)

무위사 극락보전(국보)

무위사 삼층석탑(전라남도 문화재자료)

무위사 선각대사탑비(보물)

삼층석탑'과 '무위사 선각대사탑비(無爲寺 先覺大師塔碑)'¹⁹³가 있는데, 이 중
선각대사탑비는 918년(태조 원년)에 선종한 선각대사 형미(逈微)를 기리기
위해 946년(정종 원년)에 세웠다.

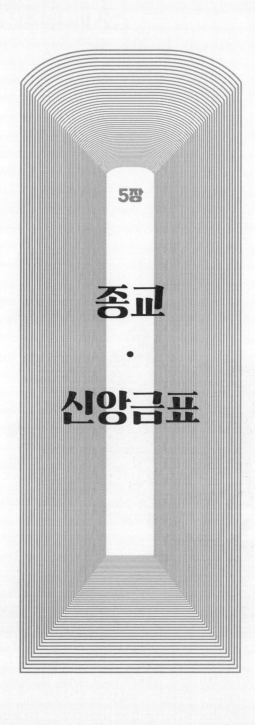

5장

종교
·
신앙금표

강화 마니산 참성단 금표

개천절이 되면 개천대제(開天大祭) 행사가 열리고, 전국체전의 성화가 채화되는 장소, 바로 마니산에 있는 참성단(塹星壇)이다. 과거 마니산은 마리산(摩利山)으로 불리기도 했는데, 『세종실록지리지』에는 마니산의 정

참성단 소사나무

참성단(塹星壇). 마니산의 정상에 있으며, 단군이 하늘에 제사를 지낸 곳으로 전해진다.

상에 참성단이 있고, "조선단군(朝鮮檀君)이 하늘에 제사를 지내던 석단"으로 전해졌음을 알 수 있다.

『고려사』를 보면 마리산참성(摩利山塹城)으로도 불렸음을 알 수 있는데, 김성환은 『마니산 제사의 변천과 단군전승(2021)』에서 이때의 참성(塹城)을 "별을 제사하는 도교 의례로서 초재(醮齋)의 기능이 부각되었다."라고 보았으며, 군사전략적인 측면에서 참성의 명칭이 사용되었다는 견해를 밝힌 바 있다. 실제 마리산참성에서 초(醮)를 행한 기록이 확인되고 있다.[194] 한편, 참성단의 제천 의례는 1264년(원종 5) 전후로 국가 차원의 제의로 승격된 것으로 보인다. 또한, 고려 후기부터 조선 전기까지 매년 봄·가을과 기우를 위해 의례[195][196]가 이루어졌다.

참성단 금표가 세워진 이유는?

강화 참성단 천재궁 터

강화 참성단 천재궁 터(天祭菴宮址)의 위치는 '인천광역시 강화군 화도면 문산리 산65번지'로, 『세종실록지리지』에는 "산기슭에 재궁(齋宮)이 있는데, 예로부터 매년 봄·가을에 대언(代言)[197]을 보내어 초제(醮祭)를 지내었다."라고 기록했다. 또한, 태종(太宗)이 잠저 때 대언이 되어 이곳에서 재숙(齋宿) 했다. 이러한 강화 참성단 천재궁 터로 가는 길에 참성단 금표가 있는데, 자연 바위에 다음과 같이 새겨져 있다.

참성단 금표가 새겨진 바위

참성단 금표, '금표 갑자팔월립(禁標 甲子八月立)'가 새겨져 있다.

'금표 갑자팔월립(禁標 甲子八月立)'

이곳에 금표가 있는 이유는 참성단에서 찾아야 한다. 앞서 본 것처럼 참성단은 단군이 하늘에 제사를 지낸 곳으로 인식되었다. 즉, 참성단은 국가 차원에서 제천 의례가 이루어지던 신성한 지역이었기 때문에 출입과 이용을 금지하기 위해 세운 것으로 추정된다. 금표를 새긴 시기는 갑자년(甲子年) 8월로 확인되지만, 갑자년이 언제인지는 알 수 없다.

단군상, 조선시대에 단군이 어떻게 인식되었는지를 알 수 있다.

이러한 참성단 금표의 존재는 당시 단군이 어떻게 인식되었는지를 엿볼 수 있다. 『일성록』에는 1786년(정조 10) 승지 서형수(徐瀅修, 1749~1824)가 평안도 강동현에 있는 단군묘(檀君墓)[198]로 전해지는 곳이 황폐해져 간다고 말한 뒤 단군에 대해 언급하는 내용이 있다. 이때 단군을 "동방에 맨 먼저 나온 성인"으로 표현하고 있으며, "단군이 우리 동방 사람에게 실로 영원히 잊지 못할 은택을 끼친 것이므로 존중하고 받들기를 지극히 높고 완비되게 해야 할 것입니다."라고 말하고 있다.[199]

이러한 인식을 바탕으로 서형수는 "평양(平壤)에 있는 단군묘(檀君廟)를 본군(本郡)에서 높여 숭령전(崇靈殿)으로 삼고 있는데, 이 묘에 대해 아직까지 성대한 전례(典禮)를 시행하지 않고 있는 것은 참으로 흠이 되는 한 가지 일이기에 감히 이렇게 아룁니다."라고 정조에게 아뢰었다. 이에 정조는 나무꾼이나 목동이 들어가는 금지할 것과 무덤 아래 민호(民戶)로 하여금 수호(守護)하게 하고, 수령이 봄가을로 나가 살펴 감영에 보고하도록 조치했다. 관련해 『임하필기』에는 단군묘에 수호군(守護軍) 2명을 두고, 30보(步)를 한계로 금표를 세웠다고 기록하고 있다.[200] 이러한 단군묘

금표의 사례는 참성단 금표가 세워진 배경을 추정할 수 있는 단서인 동시에 과거 단군과 참성단이 어떻게 인식되었는지를 잘 보여주고 있어 주목된다.

02   안동 용수사 금호비

안동 용수사 금호비는 용두산의 출입과 이용을 금지하기 위해 세운 것으로, 용수사 대웅전 옆에 있다. 비를 세운 이유는 산에 제단과 옛 사찰이 있고, 중대한 설[201]이 있어 산의 출입을 금지했다. 또한, 신해년(辛亥年) 10월에 비를 세운 것으로 확인되나 연대를 파악할 추가 명문이 없어 정확히 언제 세운 것인지는 알 수 없다.

안동 용수사

안동 용수사 금호비(경상북도 문화재자료)

제단고사(祭壇古寺), 제단과 옛 사찰이 있었다는 의미로 해석된다.

03   제주 금경산 표석

등산로 입구에 세워진 입산봉 표석

정상에 위치한 금경산 표석과 입산봉대터   금경산 표석, 경작을 금지한다는 의미로 해석된다.
표지석

입산봉에서 바라본 김녕리   입산봉대터 표지석

    제주 금경산 표석은 '제주특별자치도 제주시 구좌읍 김녕리 1037-2번지'인 입산봉의 정상에 있는데, 이곳에는 입산봉대 표석[202]과 바위에 새겨진 '금경산(禁耕山)' 표석이 있다. 금경산 표석이 있는 입산봉은 과거 '문장봉(文章峰)'으로 불렸으며, 삿갓오름이라고도 한다. 특히 분화구에는 '문장수(文章水)'라는 이름의 연못이 있었는데, 이를 귀하게 여겼기에 훼손을 금지한다는 의미의 '금훼수(禁毁水)'로 부르기도 했다. 과거에는 경작과 훼손을 금지한 땅이었으나 지금은 김녕리 공동묘지가 들어선 모습은 여러 모로 대조를 이루고 있다.

제주 수월봉 영산비

수월봉 풍경

제주시 한경면 고산리에 있는 수월봉(水月峰)의 정상에는 고산기상대와 수월정, 영산비 등이 있다. 과거 수월봉은 고산(高山)·고구산(高丘山)·고근산 등으로 불렸는데, 현 지명인 고산리가 여기에서 유래했다고 하며, 녹고물 오름으로도 불린다.[203]

수월봉의 정상에 있는 영산비는 지난 2000년에 다시 세운 것이다. 본래 영산비는 건륭 22년인 1757년(영조 33) 5월에 세웠는데, 지금은 고산1리사무소[204]에 있다. 영산비의 전면에는 '유영고근산금(전)건륭이십이년정축오월일포서(有녕高近山禁(田) 乾隆二十二年丁丑五月日浦西)'가 새겨져 있는데, 고근산(수

수월정에서 바라본 정상, 고산기상대와 복원된 영산비가 있다.

다시 세운 영산비

월봉) 일대가 신령스러운 곳이니 밭을 경작하는 행위를 금지하기 위해 영산비를 세웠다.

후면에는 '거무인년 남사주정표처(去戊寅年南使主之標處)'가 새겨져 있는데, 무인년(1698) 남사주가 영산비를 정표했다는 의미로 해석되는데, 여기서 남사주는 제주목사를 역임한 남지훈(南至薰) 목사를 말한다. 이밖에 복원된 영산비의 안내문을 보면 최초 영산비

제주 수월봉 영산비

고근산(高近山). 과거 수월봉을 고근산으로 불렀음을 알 수 있다.

가 능선 중앙부에 있었으나 관리의 부재 속에 매몰되는 등 우여곡절을 겪었음을 알 수 있다.

05   제주 추자도 신묘금지비

제주 추자도 신묘금지비는 '제주특별자치도 제주시 추자면 대서리 28-1번지'에 있는데, 최영 장군 사당에서 봉골레산으로 이어진 제주 올레 18-1코스 구간에 있다. 이곳에 최영 장군의 사당이 있는 이유는 1323년(공민왕 23)에 제주에서 원의 목호인 석질리(石迭里) 등이 난을 일으킨 것과 무관하지 않다.

『고려사절요』를 보면 이때 명은 고려에 탐라마(耽羅馬)를 보낼 것을 요구했고, 이에 고려는 한방언을 제주에 보냈다. 하지만 목호(牧胡)인 합치

제주 추자도 최영 장군 사당 ©진한용

(哈赤)와 석질리(石迭里)[205], 초고
독불화(肯古禿不花), 관음보(觀
音保) 등이 원의 세조(元世)가
기른 말을 명에 바칠 수 없다
며 말 3백 필만 보냈다. 이에
명의 사신 임밀(林密)이 2천 필
이 되지 않으면 안 된다며 재
차 왕을 곤란하게 하자 결국
고려 조정은 제주를 토벌하는
것으로 결정하고, 최영을 양
광도 등의 도통사(都統使)로 삼고, 전함 314척과 군사 25,600명을 주어
이들을 토벌하게 했다.

이곳에 최영 장군의 사당이 있는 이유는 최영이 반란을 토벌하러 가는
길에 풍우를 만나 잠시 추자도에 정박을 한 적이 있었다고 한다. 이때 최
영은 이곳 주민들에게 어망편법과 고기
잡는 방법 등을 가르쳤다고 하며, 이에
주민들은 최영의 공덕을 기리기 위해 사
당을 세우고 제사를 지냈다고 한다.

한편, 사당의 동쪽에는 신묘금지비(神廟
禁地碑)가 있는데, 이 비석은 최영 장군의
사당을 보호하기 위해 세운 금표의 일종
이다. 비의 전면에는 주 명문인 '신묘금지
비(神廟禁地碑)'가 새겨져 있고, 좌우에 보

신묘금지비(神廟禁地碑) ©진한용

조 명문인 '좌석이백보(左石二百步)', '맥상안전부토보(脈上案前不討步)'가 새겨져 있다.

비의 후면에는 '제사성불망지규이압존처왕왕유암장지폐고품달영문위급완문상하도민립석송덕영위금호언(祭祠成不忘之規而壓尊處往往有暗葬之弊故稟達營門威給完文上下島民立石頌德永爲禁護焉)'이 새겨져 있는데, 요약해보면 암장의 폐단이 있어 비를 세웠다는 점과 완문(完文)을 받은 사실을 적고 있다. 상하도민들이 비석을 세워 최영 장군의 덕을 칭송하고, 영원히 금호(禁護)한다는 내용이다.

또한, 비의 측면에는 '묘절□□조도항사최장군공사묘야절부정사진풍어흔□□□□이부민립사존우우제오백여□□□□□재휘상무기비과화□□□□□□조병하리임차□기충의흥임진□여작계사시봉(廟節□□朝都亢使崔將軍公祠廟也節斧庭祠振風於訢□□□□而富民立祠尊宇于祭五百餘□□□□□災毀祥武豈非過化□□□□□□曹秉廈苻任此□其忠義興壬辰□餘作契四時奉)'이 새겨져 있는데, 요약해보면 묘(廟), 즉 이 사당은 최영 장군이 목호의 반란을 토벌하러 가는 길에 추자도에 들러 백성들을 교화한 것을 기려 세워진 것을 알 수 있다. 또 다른 명문인 '기축구월일제주조병하재배서기제병혁서(己丑九月日濟州曹秉廈再拜序其弟秉爀書)'[206]를 통해 기축년(己丑年) 9월에 조병하에 의해 세워졌고, 비문은 조병혁이 쓴 것임을 알 수 있다.

○ 역사의 라이벌, 최영과 이성계

최영과 이성계는 고려 말을 대표하는 무장이자 역사의 라이벌로 평가된다. 하지만 두 사람의 운명을 갈랐던 위화도 회군은 화학적 결합이 될 수 없었던 두 사람의 모습을 보여준다. 우선 두 사람은 출신에서 차이를 보이는데, 최영의 경우 당시 집권세력인 권문세족에 속했던 반면 이성계는 아버지 대에 조정에 출사했던 일종의 신참자였다. 두 사람은 모두 명망이 있는 무장이었다. 특히 왜구 토벌과 관련해 최영은 홍산대첩(鴻山大捷, 1376), 이성계는 황산대첩(荒山大捷, 1380)에서 대승을 거두기도 했다.

그렇게 이성계의 명망이 올라감에 따라 신진사대부의 주목을 받게 된다. 이성계와 신진사대부는 서로 부족한 점을 보완해주는 관계로 발전했다. 이러한 세력 구도 속에 고려의 멸망을 촉발한 사건이 발생하게 되는

태봉산 정상에 자리한 홍산대첩비

부여 태봉산(홍산면)

파비각과 어휘각, 황산대첩 관련 현장이다.

남원 황산대첩비지

피바위. 황산대첩 당시의 전투로 인해 왜군의 피가 물든 것이라는 속설이 있었으나 실상은 바위 속 철분 성분이 산화하면서 생긴 현상이다.

데, 바로 위화도 회군이었다. 위화도 회군이 일어난 배경을 이해하기 위해서는 당시 동북아시아의 국제질서를 이해할 필요가 있다. 이전까지 신흥 명나라가 원나라를 몰아내고 중원을 차지했고, 북쪽으로 쫓겨 간 원의 잔존 세력인 북원(北元)이 있었다.

  이런 와중에 명나라는 고려로 사신을 보내 '철령위(鐵嶺衛)' 설치를 통보했다. 이 말은 이전 원나라가 통치했던 철령위 이북의 땅을 요동에 귀속시키겠다는 의미로도 해석된다. 이 경우 쌍성총관부를 비롯해 공민왕의 북진으로 수복한 영토 역시 문제가 되기에 고려의 조정은 벌집을 건드린 듯 불만이 터져 나왔다. 요동정벌이 등장하게 된 배경이다. 이에 대해 이성계는 사불가론(四不可論)[207]을 들어 요동정벌을 반대했고, 신진사대부 역시 이성계와 같은 입장이었다. 하지만 우왕의 장인이자 측근이었던 최영

고양 최영 장군 묘. 장군의 묘 뒤쪽에는 "황금 보기를 돌같이 하라"는 말을 남긴 아버지 최원직(崔元直)의 묘가 있다.

은 요동정벌을 강행하고, 공요군을 편성했다. 최영 자신은 팔도도통사(八道都統使), 우군도통사(右軍都統使)에는 이성계, 좌군도통사(左軍都統使) 조민수(曹敏修)가 임명되고, 전국 각지에서 병사와 말을 차출했다.

건원릉(健元陵), 태조 이성계의 능이다.

하지만 우왕의 요구로 최영이 요동 정벌군에 합류하지 못하면서, 총사령관이 부재하게 되는 상황이 벌어졌다. 그렇게 출정한 공요군은 1388년(우왕 14) 5월, 위화도(威化島)에 도착했다. 하지만 현장의 상황은 좋지 않았다. 물이 불어나고, 군량미가 떨어지는 등 사실상 전쟁은 어렵다고 판단한 이성계는 장계를 보내 공식적인 회군을 요청했다. 하지만 우왕과 최영은 이를 받아들이지 않고 재차 출전을 독려했고, 결국 이성계는 회군을 결정했다. 이 사건이 바로 위화도 회군이었다. 왕의 명을 어긴 회군은 명백한 반역이었기에 이성계의 입장에서는 정당성을 얻기 위해서라도 하루빨리 개경을 점령하고, 최영과 우왕을 제거해야 했다. 그렇게 최영과 이성계는 위화도 회군을 통해 운명이 엇갈리게 된다.

용인 정몽주 묘

위화도 회군을 통해 개경을 점령한 이성계에 의해 최영은 유배길에 올랐고, 이후 처형되었다. 또한, 폐가입진(廢假立眞)[208]의 논리에 따라 우왕과 창왕은 왕(王)씨가 아닌 신(辛)씨가 되어야 했으

서울 정도전 산소터 표석

평택 정도전 가묘

평택 문헌사, 정도전의 사당이다.

영천 임고서원, 정몽주의 위패를 봉안한 서원이다.

단양 도담삼봉

영천 정몽주 유허비, 효자였던 정몽
주의 효행을 기리기 위해 세워졌다.

고양 공양왕릉

삼척 공양왕릉

헌릉(獻陵), 태종 이방원과 원경
왕후 민씨의 능이다.

며, 비참한 죽음을 맞아야 했다. 이 모든 시작점이었던 위화도 회군은 사
실상 고려 멸망의 전주곡이었다. 이후 권문세족이 몰락하고, 신진사대
부가 조정을 장악했다. 이후 신진사대부 안에서도 개혁의 방향성을 두
고 입장이 달랐는데, 고려왕조 안에서 개혁하자는 온건파와 새로운 왕조
를 수립하고자 했던 급진파가 충돌했다. 당시 온건파를 대표했던 인물은
포은 정몽주(鄭夢周, 1338~1392)로, 급진파를 대표한 삼봉 정도전(鄭道傳,
1342~1398)과는 친우이기도 했다. 하지만 이러한 입장차로 인한 갈등은
두 사람의 운명을 바꾸어 놓았고, 결국 1392년(공양왕 4) 4월, 선죽교(善竹

橋)[209]에서 정몽주가 피살됨에 따라 고려의 운명은 끝이 났다. 이후 공양왕(恭讓王, 재위 1389~1392)은 폐위되었고, 새로운 왕조인 조선이 건국되었다. 그렇게 최영은 고려의 충신으로 남았던 반면 이성계는 새로운 왕조, 조선의 태조(太祖)가 되었다.

06 관왕묘와 금잡인 표석

서울 동관왕묘(東關王廟)는 『삼국지연의』를 통해 잘 알려진 관우(關羽)를 모신 사당으로, 관왕묘(關王廟) 혹은 관제묘(關帝廟) 등으로 불린다. 관우는 의리와 임협(任俠)의 상징이자 지금도 중국인들의 사랑을 받는 인물로, 죽은 뒤에는 신으로까지 추앙받았다. 그런데 우리와는 별 접점이 없을 것 같은 관우의 사당이 서울을 비롯해 전국에 있는 이유는 임진왜란(壬辰倭亂)과 관련이 있다.

일본의 침입으로 시작된 임진왜란으로 조선은 국왕인 선조가 의주까지 파천을 단행해야 할 정도로 상황이 다급했다. 이때 조선은 명나라에 원

서울 동관왕묘의 관우상

서울 동관왕묘

안동 관왕묘의 무신(관평과 주창)

안동 관왕묘의 문신(왕보와 조루)

안동 관왕묘 관우상. 재질은 화강암이다.

병을 요청했고, 자국으로 전장이 번질 것을 염려한 명나라가 이를 받아들이면서 파병이 결정되었다. 이후 파병 온 명나라 군에 의해 관우 신앙이 전파된 것이다. 최초 관왕묘의 조성 관련 기록은 남묘의 건립 기록으로, 『선조실록』 1598년(선조 31) 4월 25일 기록에는 유격장군 진운홍(陳雲鴻)이 하처(下處) 후원(後園) 위의 구가(舊家)를 그대로 이용하여 관왕묘(關王廟)를 세우고 소상(塑像)을 설치했는데, 당시 공역이 마무리되지 않아 조선 조정에 장인을 보내 달라고 요청한 사실을 기록하고 있다.[210]

한발 더 나아가 명나라 군은 관왕묘의 치제 때 국왕인 선조에게 직접 관왕묘로 와서 배례(拜禮)를 행할 것을 강요했는데, 문제는 관왕묘가 중국에나 있지 우리나라에는 생소한 장소라는 점에서 이는 외교적 결례에 가까운 행동이었다. 당연히 조정에서도 이런 전례가 없다며 논란이 되었지만, 때가 때인지라 중국 장수들이 자꾸 청하는 것을 거절하기 어려웠다. 결국 선조는 관왕묘의 치제에 참석하기 위해 행차를 준비했는데, 이

과정에서 비가 내려 취소되기도 했다.[211]

안동 관왕묘 무안왕비

이후로도 일부 관왕묘의 관리에 대한 논의가 있었을 뿐 특별한 공간으로 인식된 것은 아니었다. 그런데 숙종 시기부터 변화가 나타나기 시작했다. 숙종은 관왕묘로 친히 시를 지어 보내고,[212] 심지어 직접 찾아 친제(親祭)를 행했다. 또한, 지방에 있는 안동 관왕묘의 정계를 넓히고, 성주 관왕묘를 이건(移建)했다.[213] 이후 영조와 정조, 순조, 철종 등을 거치는 동안 관왕묘는 왕이 친제를 행했던 중요한 공간으로 인식되었다. 이처럼 관왕묘의 위상이 변화했던 건 당대의 명분인 대명의리(對明義理)의 상징적인 공간으로 인식된 것에서 찾을 수 있다. 이러한 관왕묘는 현재 서울과 강화

완도 고금도 관왕묘비

도, 안동, 남원, 완도 등에서 확인되고 있다. 또한, 본래 서울에는 다섯 곳의 관왕묘가 있었으나, 지금은 동관왕묘만 남아 있다.

한편 관왕묘에서도 금표가 확인되고 있어 주목되는데, 바로 금잡인 표석이다. 해당 표석의 전면에는 '금잡인(禁雜人)'이 새겨져 있는데, "잡인의 출입을 금지한다."라는 의미로 해석된다. 잡인이 누구

서울 북묘비, 국립중앙박물관의
야외에 전시 중이다.

서울 동관왕묘의 하마비와 금잡인 표석

동관왕묘의 금잡인 표석

강화 동관제묘

강화 동관제묘의 금잡인 표석

를 지칭하는지는 알 수 없으나 역설적으로 이러한 금표의 존재는 당시 관왕묘가 어떻게 인식되고 있는지를 보여준다는 점에서 주목된다. 현재까지 확인된 금잡인 표석은 ▶서울 동관왕묘 ▶강화 동관제묘 ▶강화 남관제

강화 남관제묘의 금잡인 표석 ⓒ장승효(강화만사성)

묘 등 총 3곳에서 확인되고 있다.

○ 동북아시아 질서의 재편을 가져온 임진왜란(壬辰倭亂)

임진왜란(壬辰倭亂)은 1592년(선조 25) 일본의 도요토미 히데요시(豊臣秀吉)의 야욕에 의해 시작된 전쟁으로, 일본군 선봉장인 고니시 유키나가(小西行長)의 제1군이 부산을 침략하며 시작되었다. 대규모 병력의 침입은 전혀 예상하지 못했기에 전쟁 초반에 조선군은 패배를 거듭했고, 일본군은 파죽지세로 한양을 향해 밀고 들어왔다.

특히 당대의 용장으로 평가받던 신립(申砬, 1546~1592) 장군이 탄금대 전투에서 패하자 선조와 조정은 혼란에 빠졌다. 결국 선조(宣祖, 재위 1567~1608)는 파천을 단행해 개경과 평양을 거쳐 의주까지 피난하기에 이르렀다. 상황이 이렇다 보니 그동안 금기시되었던 세자 책봉이 이루어졌고, 세자가 된 광해군(光海君, 재위 1608~1623)은 전쟁 중 분조를 성공적으로 이끌며 입지를 다져나갔다. 한편, 조선에서는 위기를 타개하기 위해 명나라에 도움을 요청했고, 명나라는 전장이 본토로 번지는 것을 막기 위해 파병을 결정, 그렇게 조·명연합군이 결성되었다. 그렇기에 임진왜란은 단순히 일본이 난을 일으킨 수준이 아니라 동북아시아의 국제질서가 재편될 만큼의 대사건인 것이다.

그렇게 조·명연합군에 의한 평양성 탈환을 시작으로, 이순신 장군이 이끄는 조선 수군이 제해권을 장악하면서 일본군의 수륙병진을 저지했고, 그 결과 일본군은 더 이상의 진격을 포기한 채 남쪽으로 후퇴해 왜성

고양 행주대첩지. 권율 장군의 활약으로 승전한 행주대첩은 임진왜란 3대첩 중 하나다.

안동 옥연정사 원락재(遠樂齋). 서애 류성룡 선생이 『징비록』을 저술한 현장이다.

을 쌓는 등 전쟁은 장기전의 양상을 보이게 된다. 물리력으로 조선과 명나라를 정벌하는 것이 불가능하다는 것을 인식한 일본은 명과의 협상에 나섰다. 이때 일본의 대표는 고니시 유키나가, 명의 대표는 심유경(沈惟敬)이었다. 조선을 배제한 채 시작된 협상은 애초 타결이 쉽지 않았는데, 강화 조건[214]의 차이가 매우 컸기 때문이다. 결국 협상의 결렬과 함께 일본군의 재침으로 이어지게 되는데, 정유재란(丁酉再亂, 1597)이었다.

그런데 일본이 재침할 당시 이순신 장군은 파직되고, 원균(元均, 1540~1597)이 새로 삼도수군통제사로 임명되었다. 그리고 이 선택은 칠천량해전(漆川梁海戰)의 패전으로 귀

남양주 광해군 묘. 임진왜란이 발발한 뒤 광해군은 세자로 책봉되었으며, 분조(分朝)를 이끌며 항전의 구심점이자 민심을 수습하는 등의 공적을 세웠다.

미륵산에서 바라본 한산도 대첩지. 이순신 장군이 제해권을 장악하면서 일본의 수륙병진을 저지, 사실상 조선을 구한 것으로 평가받는다.

결되었고, 제해권을 상실한 조선은 위기에 빠졌다. 이런 상황에서 다시 삼도수군통제사로 재수임된 이순신 장군의 활약 속에 명량해전(鳴梁大捷)에서 기적적인 대승을 거두며 위기에서 벗어났다. 그러던 1598년(선조 31) 전쟁의 원흉인 도요토미 히데요시가

진주성. 진주목사 김시민의 활약으로 제1차 진주성 전투의 승전으로, 일본의 서진을 막아 전라도를 지켜낼 수 있었다.

세상을 떠났고, 이에 일본군은 철군을 서둘렀다. 이 과정에서 전쟁의 대미를 장식할 노량해전(露梁海戰)의 승전과 함께 이순신 장군의 순국으로 7년 전쟁인 임진왜란은 끝을 맺었다. 전쟁 이후 동북아시아의 균형이 재편되었는데, 일본의 경우 도요토미 히데요시 사후 정권의 행방을 결정

진주 손경례 가옥에 세워진 비
(碑), 이순신 장군이 삼도수군통
제사로 재수임된 현장이다.

이순신 장군의 사당인 아산 현충사(顯忠祠)

지은 세키가하라 전투(関ヶ原の戦い, 1600)를 통해 도쿠가와 이에야스를 중
심으로 하는 동군이 이시다 미츠나리를 주축으로 한 서군에 승리하며,
도쿠가와 막부로 정권이 교체되었다. 또한, 임진왜란 과정에서 요동 지
역은 힘의 공백이 발생했고, 이때를 틈타 누르하치의 후금(後金, 청)이 발
흥해 세력을 키워나갔다. 임진왜란 이후 명나라는 만만치 않은 세력으로
성장한 후금을 저지하기 위해 조선과 연합군을 결성해 요동으로 집결했
다. 하지만 이렇게 맞붙었던 사르후 전투(薩爾滸之戰, 1619)에서 후금이 승
리하며 요동 지역의 패권을 장악했다. 더는 명나라가 후금의 서진을 막
기 어렵다는 것이 명백해진 사건이었다. 이후 쇠퇴해가던 명나라는 이자
성의 농민 반란으로 인해 스스로 자멸했고, 그 자리를 차지한 건 만주족
이 세운 청나라였다.

고뇌하는 이순신 장군 동상과 명량해전지

6장

장소
·
행위 금지
금표

사산(四山)은 한양도성을 둘러싸고 있는 백악산·목멱산·낙산·인왕산 등을 이야기하는데, 풍수지리의 영향을 받아 사산의 내맥을 보호하기 위한 송금 정책이 시행되었다. 이러한 바탕 위에 금산 정책이 시행될 수 있었는데, 이러한 사산의 경계에 세운 것이 사산금표다. 「사산금표도」를 보면 사산금표의 대략적인 범위를 알 수 있는데, 유승희의 연구(2013)[215]에 따르면 1666년(현종 7) 도성 안과 밖의 지역을 중심으로 금표를 세워 벌목을 금지했음을 알 수 있다. 또한, 영조 시기가 되면 기존 사산금표의 범위가 더 넓어졌다.

동쪽으로는 우이천과 중랑천을 자연 경계로 삼았으며, 북쪽으로는 보현봉과 대보통, 남쪽으로 신촌과 용산, 서쪽으로는 성산과 마포 등이 해당했다. 『신증동국여지승람』 한성부를 보면 사산의 보호를 위해 "경성 10리 안에 소나무를 찍는 죄를 범한 자는 형률에 의하여 죄를 정하며 사산금표(四山禁標) 안에서 나무 뿌리나 잔디 뿌리를 채취한 자나 토석(土石)을 채취한 자는 모두 산 소나무를 벤 준례에 의하여 논죄한다."고 기록하고 있다. 이러한 사산금표의 흔적으로 추정되는 곳이 서울 수유동 궁금장각석과 서울 우이동 궁림장금표 각석이다.

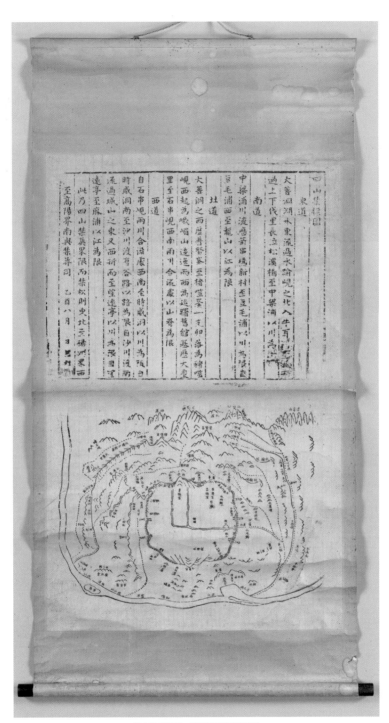

「사산금표도」 ⓒ국립중앙박물관

서울 수유동 궁금장(宮禁場) 각석

궁금장(宮禁場)

서울 수유동 궁금장(宮禁場) 각석

　서울 보광사 인근, 북한산 둘레길 2구간에는 궁금장(宮禁場)이 새겨진 바위가 있다.[216] 해당 각석은 사산금표와 관련된 것으로 추정되는데, 명문의 경우 마멸이 심해 육안 판독이 쉽지 않다. 바위에 새겨진 궁금(宮禁)은 왕이 거처하는 궁궐로 해석되기도 하며, 궁궐에서 분가한 왕족의 거처를 궁(宮)이라 부른 사례를 고려해보면 궁금장 명문은 해당 지역이 왕실과 관련 있는 땅이기에 출입과 이용을 제한하기 위해 세운 것으로 추정된다.

서울 우이동 궁림장금표 각석

　도선사(道詵寺)로 올라가는 길에 있는 우이 9곡 중 2곡인 적취병에는 궁림장금표(宮林場禁標)[217] 각석이 있어 눈길을 끄는데, '서울특별시 강북구 우이동 삼양로 173번길'[218]에 있다. 본래 계곡 안쪽은 출입금지 구역이나 현장 조사를

우이 9곡 중 2곡인 적취병

북한산국립공원사무소의 협조로 진행한 궁림장
금표 각석 조사

서울 우이동 궁림장금표 각석

위해 북한산국립공원사무소의 협조를 받아 방문할 수 있었다. 폭포 옆쪽
벽에 새겨진 각석은 왼쪽부터 세로로, '창표 궁림장금 표(彰表 宮林場禁 標)'
가 새겨져 있어, 앞서 수유동에서 확인된 궁금장(宮禁場) 각석과 유사한
목적의 금표로 추정된다.

02 사패지 금표

서울 은언군 사패 금표석

은평역사한옥박물관의 야외에는 눈에 띄는 표석이 있는데, 바로 은언
군의 묘와 관련이 있는 금표석이다. 해당 금표석의 전면에는 주 명문인
'은언군묘소자내사패금표(恩彦君墓所字內賜牌禁標)'과 보조 명문인 '동삼□
□(東三□□)'이 새겨져 있다. 즉, 금표를 기준으로 은언군의 묘소가 자내
(字內)[219]에 포함되는 장소이자 사패지(賜牌地)이기에 출입과 이용의 제한을
금지한 것으로 해석된다. 보조 명문의 경우 두 글자의 판독이 어려우나

은언군 묘소 사패 금표석. 은언군묘소자내사패금표(恩彦君墓所字內賜牌)가 새겨져 있다.

문맥상 동삼천동(東三川洞)으로 추정하는 견해[220]가 있는데, 이 경우 묘의 동쪽 경계가 삼천동이라는 의미가 된다.

그렇다면 해당 표석에서 언급한 은언군은 누구일까? 은언군(恩彦君, 1754~1801)은 사도세자(추존 장조)와 숙빈 임씨(肅嬪 林氏, ?~1773)의 소생으로, 정조에게는 이복형제가 된다. 하지만 은언군은 왕권의 위협이 되는 인물로 인식되었기에 끊임없는 감시와 견제를 받았고, 이후 강화도로 유배를 갔다. 이러한 일련의 과정에서 아내인 상산군부인 송씨와 며느리가 세상을 떠났다. 또한, 은언군은 유배지였던 강화도를 탈출하려다 붙잡히게 되고, 결국 1801년(순조 1)에 파란만장한 삶을 마쳤다.

이러한 은언군의 묘는 서울특별시 은평구 진관동에 있는 이말산에 있

파주 예릉(睿陵), 철종과 철인왕후 김씨의 능 이다.

포천 전계대원군 묘, 철종의 즉위와 함께 추숭이 이루어졌다.

었다고 하는데, 지금도 이곳에는 '제각말'²²¹이라는 지명이 남아 있다. 은 언군의 묘는 철종의 즉위와 함께 그 위상이 달라졌다. 이유는 은언군의 가계에서 찾을 수 있는데, '사도세 자 — 은언군 — 전계대원군 — 철종'으 로 이어졌기 때문이다. 철종(哲宗, 재 위 1849~1863)이 즉위한 뒤 은언군 과 전계대원군(全溪大院君, 1785~1841) 의 추숭이 이루어졌고, 이 과정에서 은언군 관련 기록의 세초(洗草)가 이 루어졌다. 또한, 은언군 묘에 제각 이 만들어지고 석물이 세워졌으며, 1851년(철종 2)에는 철종이 직접 은 언군 묘소를 전배했다.

하지만 은언군의 묘는 현재 남아

흥창사 경내로 옮겨진 은언군의 신도비, 장명 등과 무인석 등의 석물은 창건주의 묘로 옮겨 져 있다.

있지 않다. 이말산에 있었다는 은언군의 묘는 1950년대 혹은 그 이전에 훼손된 것으로 보이는데, 이 과정에서 은언군 묘의 석물은 뿔뿔이 흩어 졌다. 석물 가운데 은언군의 묘표는 절두산 성지로 옮겨졌으며, 신도비와 무석인, 장명등을 비롯한 대부분의 석물은 흥창사와 창건주의 묘로 옮겨 져 있다. 은언군 묘의 금표석도 한때 삼천동의 한 사슴목장에 소재하고 있었으나 지금은 은평역사한옥박물관의 야외로 옮겨졌다.

서울 경천군 이해룡 사패지 송금비

서울 경천군 이해룡 사패지 송금비(慶川君 李海龍 賜牌地 松禁碑)는 북한산 둘레길 10코스에 위치[222]하고 있는데, 비의 전면에 '경천군 사패정계내 송 금물침비(慶川君 賜牌定界內 松禁勿侵碑)', 후면에는 '만력사십이년갑인십월 일립(萬曆四十二年甲寅十月日立)'이 새겨져 있다. 해당 비석은 광해군이 경천

서울 경천군 이해룡 사패지 송금비(서울특별시 기념물)

송금비의 후면. '만력사십이년갑인
십월일립(萬曆四十二年甲寅十月日
立)'이 새겨져 있다.

군 이해룡에게 내린 사패지로, 이 지역의
소나무를 보호했음을 알 수 있다.

송금비는 만력 42년인 1614년(광해군 6) 10
월에 세워졌다. 이해룡(李海龍, 1546~1618)[223]
은 선조와 광해군 시기에 활약했던 역관이
었다. 한편, 지난 2011년 4월, 첫 번째 송
금비에서 멀지 않은 장소에서 두 번째 송
금비가 확인되었다. 비의 명문은 송금(松禁)
부분이 금송(禁松)으로 바뀐 것만 제외하면
첫 번째 송금비의 내용과 동일하다.

03 행위 금지 금표

고양 연산군 시대 금표비[224]

우리 역사에서 대표적인 폭군으로 인식되는 인물 중 연산군(燕山君, 재위
1495~1506)이 있다. 특히, 연산군의 재위 기간에 무오사화(戊午士禍, 1498)
와 갑자사화(甲子士禍, 1504)를 일으켜 많은 선비들이 목숨을 잃었다.

무오사화(戊午士禍)의 표면적인 명분은 사초에 기록된 '조의제문(弔義帝
文)'이었다. 조의제문은 의제(義帝)를 조문한 글로, 문제가 된 이유는 단종
을 몰아내고 왕위를 찬탈한 세조를 비판한 것으로 인식한 것이다. 즉, 의
제를 단종으로 보고, 항우를 세조로 본 것이다.[225] 조의제문을 쓴 건 성종

때의 문신인 점필재(佔畢齋) 김종직(金宗直, 1431~1492)으로, 『성종실록』을 편찬하는 과정에서 제자 김일손(金馹孫, 1464~1498)이 사초에 관련 내용을 기록하면서 문제가 되었다. 그 결과 김종직은 부관참시(剖棺斬屍), 김일손은 거열형(車裂刑)에 처해졌으며, 사림 세력은 큰 피해를 입었다. 때문에 무오사화의 배경에 사림에 대한 훈구파의 견제로 보는 시각도 있다.

폐비 윤씨의 회묘(懷墓). 본래 동대문구 회기동(回基洞)[226]
에 있었으나 지금은 서삼릉 내 후궁 묘역 뒤로 옮겨졌다.

갑자사화(甲子士禍)는 1504년(연산군 10)에 연산군의 어머니였던 폐비 윤씨의 죽음과 관련해 선비들이 화를 입은 사건으로, 앞선 무오사화와는 달리 사림뿐 아니라 훈구파의 피해도 컸다. 조선은 왕과 신하 간 적절한 견제와 균형으로 통치되었는데, 이미 무오사화로 인해 한차례 피바람이 불면서 왕에 대한 견제 기능이 약화되어 있는 상태였다. 그런 와중에 갑자사화까지 터지면서 견제 없는 권력이 되어버린 연산군의 폭정은 돌이킬 수 없게 되었다. 그 결과 중종반정(1506)으로 이어져 연산군은 폐위된 뒤 교동도(喬桐島)[227]로 유배를 떠났다. 폐위된 왕이기에 연산군은 묘호(廟號)를 받지 못했고, 대군의 예로 무덤이 조성되어 지금은 '연

교동도에 위치한 연산군 유배지

함거 속 연산군과 위리안치 된 연산군의 유배지 조형물

산군 묘'228로 불리고 있다.

한편, 연산군의 폭정을 상징하는 단어 중 '채홍준사(採紅駿使)'와 사냥이 있다. 미녀와 좋은 말을 구하려고 파견한 채홍준사가 연산군의 방탕함을 상징한다면, 사냥을 광적으로 좋아한 연산군은 무분별하게 사냥터를 확대해 백성들에게 피해를 주었다. 여기서 한 발 더 나아가 사냥터로 만든 지역에 금표를 세우고 이를 어길 경우 강하게 처벌했다. 지금도 이때의 흔적이 남아 있는데, 바로 '경기도 고

서울시 도봉구 방학동에 소재한 연산군과 거창군부인 신씨의 묘. 왕이었지만 폐위된 탓에 묘호를 받지 못한 채 초라하게 조성이 되었다.

양시 덕양구 대자동 산10-1번지'에 있는 연산군 시대 금표비다. 해당 금표비를 통해 연산군의 폭정과 당시의 시대상을 읽어볼 수 있는 것이다.

물론 사냥은 역대 제왕들도 많이 했는데, 이 시절 사냥은 군사 조련의

목적도 있었다. 『연산군일기』를 보면 '김감(金勘)'이 올린 계유문(戒諭文)에 "사냥과 군사 조련을 위한 데로 식치(食治)하고 수렵하는 장소이므로 모두 국가에서 폐할 수 없는 일"이라 언급하고 있다.[229] 따라서 사냥 자체는 문제는 아니나 연산군은 이런 목적보다는 유흥을 위한 놀이의 관점에서 접근하다보니 그 피해는 결국 백성들에게 돌아갔기 때문이다.

백성들의 민가를 헐고, 금표(禁標)를 세운 연산군

『조선왕조실록』에서 금표를 검색해보면 연산군 때의 기록이 많이 확인되는데, 주요 내용은 금표의 확대와 처벌 등과 관련한 내용이다. 당시에도 금표를 세우는 것이 사냥 때문이라는 비난이 있었을 정도였는데, 사냥에 대한 연산군의 사랑은 금표의 설치로 나타났다. 『연산군일기』에는 도성의 사방에 백 리를 한계로 금표를 세워 사냥터로 삼았음을 기록하고 있는데, 금표 안을 무단으로 들어가는 자는 처벌한다는 내용과 함께 사냥을 위해 금수를 기른 사실도 알 수 있다.

이처럼 무분별하게 금표를 확대하다 보니 정작 이곳에 살던 사람들은 흩어지고, 도둑이 금표 안에 숨어 잡지 못하는 등 웃지 못하는 일들이 벌어졌다. 또한, 능침이 금표 안에 있다 보니 지키는 관리와 사람이 없어 향화 역시 끊어지는 등 부작용이 적지 않았다. 그럼에도 금표 안에 특별한 사유가 있는 경우 출입을 허용하기는 했는데, 대표적으로 금표 내에 무덤이 있는 경우 2일에 한해 제사를 지내도록 했다.

또한, 금표로 설정한 지역이 넓다 보니, 이를 관리하기 위한 인력이 필요했는데, 당시 검찰사들이 수쇄관(搜刷官)과 함께 금표 안의 일을 검찰했으며, 금표 안을 통행하는데 필요한 통행패 1백 개를 만드는 등 행정적인

고양 연산군 시대 금표비, 전면에 새겨진
'금표내범입자 논기훼제서율처참(禁標內犯入者 論棄毁制書律處斬)'

절차도 함께 이루어졌다. 이밖에 각 지역의 금표를 표시한 지도가 연산
군에게 올라가는 등 연산군 시대의 금표는 백성들의 피눈물 위에 세워진
연산군의 폭정을 상징하는 대표적인 사례라고 할 수 있다.

　고양 연산군 시대 금표비는 화강암 재질의 비석 전면에 '금표내범입자
논기훼제서율처참(禁標內犯入者 論棄毁制書律處斬)'이 새겨져 있는데, 금표
안을 무단으로 범한 자는 기훼제서율(棄毁制書律)로 처벌한다는 내용이다.
기훼제서율이란 왕의 명을 적은 문서나 증표를 훼손한 자에게 내려졌던
처벌로, 『연산군일기』에는 1504년(연산군 10) 7월 22일에 연산군이 언문(諺
文)을 쓰는 자를 기훼제서율로 처벌할 것과 언문으로 구결 단 책을 불사
르고, 번역을 금하기도 했다.

한편, 폐위된 이후 연산군의 행적은 후대의 왕들에게는 교훈으로 인식되었다. 그렇기에 연산군의 폭정을 상징했던 해당 금표비는 파괴되고, 땅에 묻히는 등의 수난을 겪었다.

서울 사릉 석물 채석장 터와 부석금표

구천폭포

북한산 아카데미 탐방지원센터에서 대동문으로 가는 등산로를 걷다 보면 바위에 새겨진 부석금표(浮石禁標)를 만날 수 있다. 부석금표는 이름처럼 돌 뜨는 것을 금지하기 위해 세운 금표로, 이곳에 해당 금표가 있는 이유는 구천계곡이 과거 사릉의 채석장 터이기 때문이다.

구천계곡에는 폭포에 새겨진 구천은폭(九天銀瀑)[230] 각석과 그 인근에서

구천은폭 각석 ⓒ북한산국립공원사무소

송계별업 각석 ⓒ북한산국립공원사무소

'사릉부석감역필기(思陵浮石監役畢記)'와 '송계별업(松溪別業)' 각석 등이 확인되었다. '송계별업(松溪別業)'은 인조(仁祖, 재위 1623~1649)와 인열왕후 한씨(1594~1636)의 셋째 아들인 인평대군(獜坪大君, 1623~1658)의 별서(別墅)가 있던 곳으로, 『미수기언』에 따르면 인평대군의 조계별업(曹溪別業)으로 기록하고 있다. 해당 기록을 보면 1674년(현종 15) 음력 5월 29일에 미수 허목이 이곳을 방문했는데, 이때 구천폭포에 구천은폭(九天銀瀑)과 송계별업(松溪別業)이 새겨져 있었다고 한다.

이후 송계별업이 있던 자리는 부석(浮石)을 채취하던 장소로 변모했는데, 이를 보여주는 흔적이 바로 '사릉부석감역필기(思陵浮石監役畢記)'로, 한국산서회 회원들

사릉부석감역필기

에 의해 발견되어 그 존재가 확인되었다. 사릉(思陵)은 단종의 왕비였던 정순왕후 송씨(定順王后 宋氏, 1440~1521)의 능[231]으로, 사릉에 쓸 석물의 돌을 캔 장소가 구천계곡 일대인 것이 확인된 것이다. 이러한 '사릉부석감역필기'의 내용은 다음과 같다.

"사평 이준(司評 李焌)

봉사 조정의(奉事 趙正誼)

서리 박흥주(書吏 朴興柱)

석수 조금(石手 趙金)

세기묘정월일(勢己卯正月日)

사릉부석감역(思陵浮石監役)

필준서기(畢焌書記)"

위의 명문에 등장하는 사평 이준(司評 李焌)과 봉사 조정의(奉事 趙正誼), 서리 박흥주(書吏 朴興柱), 석수 조금(石手 趙金) 등은 사릉의 석물 제작에 관여한 관리와 장인이다. 또한, 돌을 뜬 일시가 기묘년(1699) 정월로 확인되며, 채석을 마무리한 뒤 관련 기록을 남긴 것임을 알 수 있다.

한편, 구천계곡 일대에서 확인되는 부석금표는 해당 지역이 왕실의 채석장이기에 돌 뜨는 행위(浮石)를 금지하기 위해 세운 것으로 보인다. 현재 부석금표는 구천계곡 일대에서 총 3기가 확인되었다. 이 중 ▶북한산아카데미 탐방지원센터에서 구천폭포로 가는 등산로에 위치한 부석금표(浮石禁標)[232] ▶수유동 분청사기 가마터 인근에서 확인된 바위에 새겨진 금표(禁標)[233] 등 2기의 금표는 사릉 석물 채석장 터 관련 흔적으로 주목받았으며, 안내문도 설치되어 있다. 이밖에 지난 2019년에 북한산국립공원

서울 사릉 석물 채석장 터 부석금표 1

서울 사릉 석물 채석장 터 부석금표 2, 지난 2019년 북한산국립공원 관리사무소에 의해 발견되었다.

서울 사릉 석물 채석장 터 금표

사무소에서 부석금표 1기를 추가로 발견했다. 위치는 청수가든(수유동 산 86-1번지) 부근[234]에 있으며, 바위의 전면에 '부석금표(浮石禁標)'[235]가 새겨져 있다.

숭인동에 남겨진 정순왕후의 흔적

사릉(思陵)은 단종의 왕비인 정순왕후 송씨(1440~1521, 이하 정순왕후)의 능이다. 수양대군(세조. 재위 1455~1468)이 일으킨 계유정난의 여파로, 부군인 단종(재위 1452~1455)이 상왕으로 물러났으며, 사육신의 '상왕복위운동'의 실패 여파로 단종은 노산군으로 강봉된 뒤 영월로 유배를 가야 했다.

이에 따라 정순왕후 역시 궁궐에서 쫓겨나야 했다. 그랬기에 정순왕후가 세상을 떠난 뒤 경혜공주의 시댁인 혜주 정씨 묘역 내 묘로 조성이 되었으며, 훗날 숙종(재위 1674~1720) 시기에 단종이 추복되면서 정순왕후의

서울 정업원 터, 비각 내 '정업원구기비(淨業院舊基碑)'가 있다.

무덤도 묘에서 능으로 높여졌다. 지금도 사릉이 위치한 마을의 지명이 '사능리(思陵里)'로, 지명에 영향을 미친 것을 알 수 있다.

또한, 서울특별시 종로구 숭인동 일대에는 정순왕후와 관련된 장소들이 남아 있다. 가장 먼저 궁궐에서 쫓겨난 정순왕후의 거처는 '정업원(淨業院)'이었다. 정업원은 고려 시대 비구니들이 거처하던 곳으로, 이 시기 궁중의 여인들이 출가해서 머물렀던 장소이기도 했다. 지금은 옛 건물은 사라지고, 영조의 친필을 새긴 '정업원구기비(淨業院舊基碑)'만 남아 있다.

여인시장 터 표석   영도교, 단종과 정순왕후가 헤어진 장소다.

단종이 영월로 유배를 떠나기 전 정업원 옆에 자리한 청룡사 우화루(雨花樓)에서 정순왕후와 마지막 밤을 보냈다는 이야기가 전하고 있다. 또한, 흥인지문(興仁之門) 밖 청계천의 다리 중 영도교(永渡橋)에서 단종과 정순왕후는 다시 만나지 못할 영원한 이별을 하게 된다. 과거 영도교에서 동묘까지 이어진 길에 여인시장이 있었다고 한다. 여인시장 터 표석을 통해 해당 장소가 과거 싸전골로 불린 점과 정순왕후를 동정했던 채소시장의 여인들이 정순왕후를 도와주었다고 한다. 애초 여인시장의 유래도

비우당 뒤에 자리한 자주동샘 　　　　　　　동망봉(東望峰)

여인들만 출입이 가능한 시장이었기에 이런 도움도 가능했을 것이다.

　이밖에 숭인공원에는 '동망봉(東望峰)'이 있는데, 단종이 세상을 떠난 후 정순왕후는 동망봉에 올라 단종의 명복을 빌었던 장소로 전해진다. 한편, 『지봉유설』을 지은 이수광(1563~1628)이 기거한 비우당에는 정순왕후가 염색을 하며 생계를 이었다는 '자주동샘'이 남아 있다. 정순왕후는 장수

측면에서 바라본 남양주 사릉

사릉(思陵)

장명등과 혼유석

문석인과 석마

석양 1

석양2

하여 82세를 일기로 세상을 떠났으며, 해주 정씨 묘역에 안장이 되었다. 이후 숙종 때 단종이 추복되면서 정순왕후 역시 묘호와 능호를 받았다.

망주석

석호 1

석호 2

문석인에서 바라본 능역, 해주 정씨 묘역에 안장되었기에 지금도 능침 주변으로 민묘가 확인된다.

한편, 사릉(思陵)의 '사(思)'는 생각할 혹은 그리워한다는 의미이기에 정순왕후의 생애와 잘 어울리는 능호라고 할 수 있다. 이러한 사릉의 능침은 봉분을 중심으로, 뒤로 곡장과 석양, 석호 각 한 쌍씩 자리하고 있다. 또한, 봉분 앞쪽으로 혼유석과 장명등이 있고, 좌우로 망주석, 문석인, 석마 각 한 쌍이 세워져 있다.

방목과 재를 뿌리는 행위 금지

강화 강화읍 금표

강화 강화읍 금표는 강화전쟁박물관의 야외에 전시 중으로, 강화비석군 안내문[236]에 따르면 최초 강화유수부(고려궁지) 앞에 세워져 있었다고 한다. 해당 금표의 전면에 '금표 방생축자장일백 기회자장팔십(禁標 放牲畜者杖一百 棄灰者杖八十)', 후면에는 '계축사월일립(癸丑四月日立)'이 새겨져 있다. 해석해보면 가축을 놓아 기르는 자는 곤장 100대, 재를 버린 자는 곤장 80대에 처한다는 내용으로, 금표를 세운 시기는 계축년(癸丑年) 4월

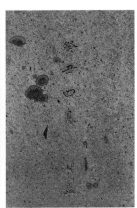

| 강화 강화읍 금표 | 전면에 새겨진 보조 명문 '방생축자장일백 기회자장팔십 (放牲畜者杖一百 棄灰者杖八十)' | 비의 후면에 새겨진 '계축사월일립(癸丑四月日立)' |

로 확인된다.[237]

음성 대장리 금표

음성 대장리 금표

음성 대장리 금표는 폐교된 음성 대장초
등학교의 교정에 있으며, 비의 전면에는 '금
표 방생축자장일백 기회자장팔십(禁標 放牲
畜者杖一百 棄灰者杖八十)'이 새겨져 있다. 앞
선 강화 강화읍 금표와 크기만 다를 뿐, 비
의 내용은 동일하다. 다만, 박봉우에 따르
면 해당 금표는 실제의 것이 아니라 학생 교육용으로 복제 제작하여 세
운 것이라 한다.

부산 효암리 월경전복채취금령불망비

부산박물관의 야외에는 눈길을 끄는 불망비가 있는데, 부산 효암리 월
경전복채취금령불망비다. 본래 이 불망비는 부산광역시 기장군 장안읍
효암리 91번지에서 발견[238]되었는데, 불망비에는 '병영월경채복□□인조
령영위혁파만고불망비가경사년기미원월일(兵營越境探鰒□□因朝令永爲革罷
萬古不忘碑嘉慶四年己未元月日)'[239]이 새겨져 있다. 해석해보면 "병영에서 월
경해 전복을 채취하는 것을 조정의 영에 의해 혁파되었음을 만고에 잊지
않고 기린다."는 내용으로, 비를 세운 시기가 기미년(己未年)이자 가경 4
년인 1799년(정조 23)인 것을 알 수 있다. 그렇다면 해당 불망비가 세워진
이유는 무엇일까?

1798년(정조 22) 11월 29일에 양산군수 윤노동(尹魯東)은 정조에게 상소

부산 효암리
월경전복채취금령불망비

불망비에 새겨진 명문, 당시의 시대상을 담고 있다.

를 올렸는데, 이 가운데 기장(機張)의 아홉 포구에 사는 백성들의 고충을 호소하는 내용이 있다. 본래 이 지역의 전복(全鰒)은 공물(貢物)로 진상되던 물품으로, 경상좌병영(慶尙左兵營, 울산)에서 기장의 경계를 넘어와 전복을 무분별하게 채취한 것이 문제가 되었다. 이렇게 미리 전복을 채취하거나 무단으로 넘어와 채취하는 일이 잦다 보니 자연스럽게 전복의 품귀 현상을 부르게 되고, 전복의 가격이 폭등했다. 기록을 보면 당시 전복 1개의 가격이 100전(錢)[240][241]이 넘었다고 하니 백성들의 가산이 기울 정도로 큰 문제였다.[242]

상소를 접한 정조는 백성들의 고충을 이해하고, 즉시 경상좌병사에게 내용을 조사하고 장계를 보낼 것을 명했다. 1799년(정조 23) 5월 55일에 경상좌병사(慶尙左兵使) 이보한은 장계를

채복(採鰒)

통해 그동안 행해졌던 폐단에 대해 보고하고, 이를 바로 잡기 위해 방안을 제시했는데, ▶전복²⁴³의 채취에 있어 완급과 시기를 조정해 시행하겠다는 점 ▶전복 채취 시 일을 돕는 일꾼을 없애고, 포구를 떠나는 기간도 줄일 것 ▶동남쪽 여덟 포구에 대해서는 잡역을 줄이고, 비용을 담당하게 한 폐단을 없애겠다는 점 ▶기장으로 넘어가 전복을 따는 행위를 금지할 것을 장계로 올렸다. 이에 정조는 위의 사항을 어기는 자에게 3년간 금고하는 형률을 적용할 것과 이를 수교(受敎)에 기재하고, 곤영으로 하여금 게판(揭板)하게 할 것을 전교했다. 부산 효암리 월경채취금령불망비가 세워진 이유인 것이다.²⁴⁴

한편, 1780년(정조 4) 정조는 승지 유의양(柳義養)을 접견하는 자리에서 "그대가 해읍(海邑)을 맡았을 때 전복(全鰒)을 따는 일을 보았는가? 그 일이 매우 고생스럽다는데 그런가?"라고 물었다. 그러자 유의양은 "선왕조께서 일찍이 '누가 접시에 담긴 전복이 한점 한점 어민의 신고(辛苦)임을 알겠는가.'라고 말씀하셨습니다. 그 전복을 따는 때에 보니, 하는 일이 매우 어려울 뿐만 아니라 민폐도 많았습니다."라고 답한다.²⁴⁵ 또한 제주목사(濟州牧使)를 지낸 기건(奇虔)은 평생 전복을 먹지 않았는데, 이유는 백성들이 전복 따며 괴로워하는 것을 봤기 때문에 차마 먹지 못한다고 할 정도였다.²⁴⁶ 이처럼 전복의 채취는 쉽지 않았으며, 어렵게 채취된 전복마저 진상되는 과정에서 썩거나 폐사하는 일도 적지 않았다. 따라서 전복의 무단 채취로 인한 폐해는 필연적으로 백성들에게 큰 피해로 돌아올 수밖에 없었다. 이런 점에서 경상좌병영이 기장으로 넘어가 무단으로 전복을 채취한 것을 금지한 정조의 이 같은 조치는 정조의 애민정신을 보여주는 일화라고 할 수 있다.

○ 전복의 형태를 닮은 포석정(鮑石亭)[247]

포석정(鮑石亭)은 '경상북도 경주시 배동 454-3번지'에 있는데, 경주 포석정지(鮑石亭址)로도 불린다. 사적 제1호의 상징성이 있는 곳으로, 『신증동국여지승람』을 보면 경주부의 남쪽 7리, 금오산 서쪽 기슭에 있다는 것과 포석정의 이름 유래가 포어(鮑魚) 즉, 전복을 닮았기 때문인 것을

경주 포석정

경주 경애왕릉

알 수 있다. 포석정은 유상곡수연(流觴曲水宴)이 행해진 장소로 알려져 있다. 927년(경애왕 4) 11월, 견훤이 서라벌을 침공했고, 이때 경애왕(景哀王, 재위 924~927)은 포석정에서 연회를 베풀다가 후백제군에 붙잡혔다고 한다. 그렇게 경애왕은 비극적인 최후를 맞았다. 다만, 포석정에서 붙잡힌 것이 연회가 아닌 것으로 보는 견해도 있는데, 서라벌 침공 직전인 9월에 견훤이 고울부(高鬱府, 영천)를 쳐들어오자 이에 다급히 고려에 구원을 요청했던 모습과는 대비된다. 실제 포석정지의 발굴 조사 과정에서 포석(砲石)이 새겨진 명문 기와가 출토되기도 했는데, 이를 근거로 포석정을 단순히 연회 장소로 보는 것이 아닌 제의 시설로 해석하는 견해도 있다.

장묘 금지

제주 애월리 금장비

제주 애월리 금장비는 애월리 사무소[248]의 야외에 세워진 비석군 가운데 하나로, 현무암 재질의 비석 전면에는 '금장 사동 인가 백보 지내(禁葬四洞 人家 百步 之內)', 옆면에는 '갑신(甲申)'이 새겨져 있다. 뜻을 해석해보면 4곳의 마을, 집이 있는 곳부터 100보 이내는 장묘 행위를 금지한다는 의미로 해석된다. 다만, 비를 세운 시기로 추정되는 갑신년(甲申年)이 언제인지는 알 수 없다.

제주 애월리 금장비

제주 곽지리 동중금장

제주 곽지리 동중금장은 '제주특별자치도 제주시 애월읍 곽지리 2076-2번지'에 있는데, 담장돌의 하부에 자리하고 있다. 담장돌에는 '동중 금장(洞中 禁葬)'이 새겨져 있는데, 해석해보면 마을 내 무덤 쓰는 것을

제주 곽지리 동중금장

담장돌에 새겨진 동중금장(洞中禁葬)

금지한다는 의미다. 앞선 제주 애월리 금장비와 유사한 사례의 금표로, 언제 새긴 것인지는 알 수 없다.

부산 약조제찰비

부산박물관에 전시 중인 약조제찰비(約條製札碑)는 조선과 왜가 왜관의 운영과 관련한 다섯 가지 금지 사항을 기록한 비석이다. 그 내용은 ▶금지를 표시한 정계를 함부로 넘지 말 것 ▶부세(路浮稅)를 주고받지 말 것 ▶개시할 때 각방에 몰래 들어가 물건을 사고파는 행위 금지 ▶5일마다 잡물을 공급할 때 색리, 고자, 소통사 등은 화인을 끌고 다니며 구타하지 말 것 ▶처벌 시 왜관의 문밖에서 처형 등을 기록하고 있다. 즉, 약조제찰비는 조선과 왜 간의 문제가 되었던 밀무역과 여러 폐단을 금지하기 위한 성격인 것이다.

과거 박물관의 야외에 전시될 때의 약조제찰비 ⓒ정영현

약조제찰비

「왜관도」ⓒ국립중앙박물관

「왜관도」속 관수가 ⓒ국립중앙박물관

『숙종실록』에는 1682년(숙종 8) 11월 7일에 통신사 윤지완이 왜국에서 돌아와 견문과 약조를 밝힌 일을 치계 했는데, 이때 좌상 민정중(閔鼎重)이 숙종에게 왜인들이 금지 내용을 알 있도록 빗돌을 왜관(倭館) 안에 세울 것을 주청했고, 그 결과 1683년(숙종 9) 6월에 약조제찰비(約條製札碑)가 세워졌다. 최초 약조제찰비는 초량왜관이 있던 용두산 공원에 있었기에 해당 비석을 이해하기 위해서는 초량왜관을 함께 주목해야 한다. 초량왜관의 모습은 「왜관도」를 통해 확인할 수 있는데, 지금은 옛 모습이 사라지고, 관수가 계단의 흔적만이 남아 있다.

현재 남아 있는 관수가 계단 ⓒ정영현

초량왜관이 있던 용두산 공원 ⓒ정영현

초량왜관(草梁倭館)은 임진왜란 이후 조선과 왜의 특수한 관계와 시대상이 반영된 장소다. 임진왜란 전만 해도 왜의 사신이 한양으로 올 수 있었으나, 이후에는 관련 업무는 초량왜관에서 진행했는데, 바로 「동래부사접왜사도」다. 「왜관도」를 보면 초량왜관은 꽤 넓은 면적으로, 동관과 서관으로 구분되었다. 이 중 동관에는 초량왜관에서 가장 높은 지위에 있는 관수가를 비롯해 재판가와 대관가 등의 건물이 있었고, 서관에는 삼대청과 육행랑 등이 있었다. 「왜관도」의 위쪽에는 초량객사가 있고, 그 위로 설문이 있는 것을 볼 수 있다.

04   기타

용인 금양계 표석

용인 금양계 표석은 '경기도 용인시 처인구 이동읍 서리 75-4번지'에 있는데, 연안 이씨 묘역으로 가는 길에 세워져 있다. 해당 표석은 『이동면지』와 『한국향토문화전자대전』 등에서 확인되는데, 과거 이곳이 연안

용인 금양계 표석

전면에 새겨진 금양계(禁養界)

이씨의 금양지임을 표식하기 위해 세운 것으로 확인된다.

2개의 표석 중 금양계 표석의 전면에 '금양계(禁養界)', 후면에 '용인군이동면서리 구수동불당산칠십번지 팔십정구단삼무보(龍仁郡二東面西里 九水洞佛堂山七拾番地 八拾町九段三畝步)'가 새겨져 있다. 이를 통해 불당산 일대가 연안 이씨의 세장지지(世葬之地)[249]이자 금양지였음을 알 수 있다.

연안 이씨 선영 입구 표석

한편, 옆에 있는 '연안이씨선영입구' 표석 후면에는 '정통삼년무오사월일립 후오백일년무인팔월일 구갈자퇴개수이의익서(正統三年戊午四月日立 後五百一年戊寅八月日 久碣字頹改竪李義益書)'가 새겨져 있다. 이를 통해 정통(正統) 3년인 1438년(세종 20) 4월에 세워졌다가 501년 후에 기존 표석이 퇴락하고, 글자가 마멸되었기에 새로 비석을 세웠음을 알 수 있다.

7장

기타
금표

서울 이윤탁 한글영비

서울 이윤탁 한글영비의 위치는 '서울특별시 노원구 하계동 12번지'로, 이윤탁과 고령 신씨의 묘 옆 비각 안에 있다. 현재까지 확인된 한글이 새

이윤탁의 묘와 한글영비가 있는 비각

겨진 비석 가운데 가장 오래된 것이기에 한글 연구에 있어 중요한 자료다. 해당 비석에서 중요한 부분은 옆면으로, 영비(靈碑) 아래 한글로 30자가 새겨져 있는데, 안내문에 기록된 해석은 다음과 같다.

> "신령한 비다. 쓰러뜨리는 사람은 화를 입을 것이다.
> 이를 한문을 모르는 사람에게 알리노라."

이윤탁(李允濯, 1462~1501)은 조선 전기에 활동했던 문신으로, 본래 이윤탁의 묘는 현 태릉(泰陵) 인근에 있었으나, 1535년(중종 30) 고령 신씨의 묘가 있던 현 위치로 옮겼다. 한글영비는 1536년 아들인 이문건(李文楗)이 세운 것으로, 신령한 비석이니 훼손하지 말라는 경고문을 한글로 새겨둔 것이다. 그래서였을까? 지금도 이윤탁의 묘는 서울 도심 속에서도 온전히 제자리를 지키고 있다. 또한, 상징성이 있는 문화재이기에 주변 도로명 주소의 명칭 역시 '한글비석로'로, 이윤탁 한글영비가 중요하게 인식되고 있음을 보여주는 사례라고 할 것이다.

서울 이윤탁 한글영비

포천 인흥군 묘계비

포천 인흥군 묘계비는 '경기도 포천시 영중면 양문리 540-3번지'에 있는데, 인흥군 묘로 들어가는 길에 있었다. 인흥군(仁興君, 1604~1651)은 선조와 정빈 민씨의 소생으로, 이름은 영(瑛)이다. 인흥군 묘계비에서 주목해볼 점은 앞선 이윤탁 한글 영비의 사례처럼 한글로 새겨진 경고문이 있는데, 그 내용은 다음과 같다.

"이 비가 극히 녕검ᄒ니(영험하니)
성심도 사람이 거오디(건드리지) 말라."

서울 이윤탁 한글 영비와 포천 인흥군 묘계비는 조선시대에 보기 드문 한글 석비이자 무덤을 보호하기 위해 경고문을 새겼다는 점에서 주목된다.

포천 인흥군 묘계비 ©이경주

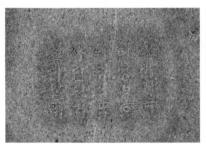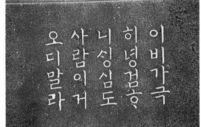

한글로 새겨진 경고문과 탁본 ©진한용

문경 조령 산불됴심 표석

문경 조령 산불됴심 표석은 '경상북도 문경시 문경읍 상초리 산42-49번지'에 있는데, 문경새재 주흘관(主屹關, 제1관문)에서 조곡관(鳥谷關, 제2관문)으로 가는 길에 세워져 있다. 바위의 전면에 '산불됴심'이 새겨져 있으며, '조'를 '됴'로 표기되어 있다. 조선 후기에 세워진 것으로 추정된다.

| 문경새재에 위치한 산불됴심 표석 | 문경 조령 산불됴심 표석 |

추가 명문이 없어 표석을 세운 명확한 이유는 알 수 없으나, 과거 문경새재가 한양을 오가는 주요 교통로였던 만큼 이곳을 오가는 사람들에게 산불 조심을 강조하기 위해 세운 것으로 추정된다.

○ 부산 수화예방비

부산 용두산 공원에는 수화예방비(水火豫防碑)라 불리는 비석이 있는데, '용두산 신위비'로도 불린다. 화강암 재질의 이 비석의 전면에는 '관거 용두산신

경주 숭덕전 하마비, 후면에 '숭덕뎐'이 새겨져 있다. '전'을 '뎐'으로 표기하고 있어 문경 조령 산불됴심 표석의 사례와 유사하다.

위(官許 龍頭山神位)', 후면에는 상단에 부산수화예방(釜山水火豫防)이 있고, 그 아래 화(火)를 사방에서 둘러싼 수(水) 표식이 마치 부적처럼 그려져 있다. 또한, 표식의 좌측에는 황하수급 사해용왕(黃河水及 四海龍王), 우측에

는 '檀紀四二八八年正月十五日(1955
년 2월 7일, 정월대보름)'이 새겨져 있어
비를 세운 시기를 알 수 있다. 또한,
표식 아래로 비를 세운 사람들의 이
름이 새겨져 있는데, 문기홍·경상남
도지사(이상훈)·경찰국장(최치환)·부산
시장(최병규) 등이 확인된다. 안내문
을 보면 이 비석이 세워진 이유에 대
해 자세한 내용이 나와 있는데, 이유
는 화재 때문이었다. 지난 1953년 1
월 국제시장(춘향원)과 1954년 12월에

부산 수화예방비 ⓒ정영현

용두산 판자촌에서 화재가 일어났다고 한다. 당시 화재로 인해 이재민이
발생하고, 용두산공원이 불타는 등 큰 피해를 입었다. 때문에 화재를 억
누르기 위해 이러한 수화예방비를 세웠는데, 이는 액막이 풍속인 동시에
비보풍수(裨補風水)[250]의 개념이 적용된 사례다.

02 목적을 알 수 없는 금표

영암 남송리 금표

영암 남송리 금표의 위치는 '전라남도 영암군 금정면 남송리 31번지'
로, 인곡마을에서 쌍계사지로 가는 길에 있는 감나무밭에 세워져 있다.
길쭉한 형태의 자연석의 전면에 '금표(禁標)' 두 글자만 새겨져 있다. 추가
명문이나 기록 등이 확인되지 않기에 해당 금표가 어떤 목적으로 세운

것인지는 알 수가 없다. 다만, 위치상 국사봉으로 올라가는 길에 있는 쌍계사지와 관련이 있을 가능성을 배제할 수 없다.

영암 남송리 금표

○ **영암 쌍계사지**

영암 쌍계사지는 국사봉으로 올라가는 등산로 상에 위치하고 있으며, 이름이 쌍계사인 이유는 국사봉과 덕룡산 사이에 있었기 때문이다. 『동주집』을 보면 호연법사의 부도가 쌍계사에 있었음을 알 수 있는데, 지금은

쌍계사지 축대석

쌍계사지 석장승 1   쌍계사지 석장승 2

그 흔적을 찾을 수가 없다.[251] 또한, 이 지역은 과거 금성(錦城) 즉, 나주에 속했기에 금성의 쌍계사라 불리기도 했다. 한편, 쌍계사지로 올라가는 길에 영암 쌍계사지 석장승(전라남도 민속문화재) 2기가 서로 마주보고 있다. 두 장승의 몸체에는 각각 주장군(周將軍)과 당장군(唐將軍) 명문이 새겨져 있다. 또한, 괘불지주도 확인되는데, 여기에는 시기를 특정할 수 있는 '건륭기미(乾隆己未)' 명문이 새겨져 있어 주목된다. 이를 통해 건륭제(乾隆帝) 치세 때인 1735년(영조 15)에 괘불지주를 만들었음을 알 수 있다.

영암 쌍계사지 괘불지주

괘불지주에 새겨진 건륭기미(乾隆己未)

괘불지주

맺음말

『한국의 금표』를 집필하면서, 지금까지 다녀온 각각의 금표들이 파노라마처럼 지나갔다. 처음 금표의 존재를 인지하고, 책을 쓰겠다고 마음먹은 뒤 시작했던 답사와 집필의 과정은 결코 쉬운 것은 아니었다. 처음에는 금표 그 자체에 대한 기록을 남기겠다는 욕심이었지만, 차츰 금표에 담긴 이야기를 통해 역사를 되돌아볼 수 있다는 점에서 내게 흥미로운 주제이자 동기로 작용했다.

이 책을 준비하면서 전국을 돌아다녔다. 이 과정에서 금표의 특성상 소재지가 산이나 비공개 지역이 많다 보니 접근성이 좋지 않았기에 답사 자체가 쉽지 않았다. 또한, 새로운 금표의 발견 소식이나 제보 등을 접하면 해당 현장을 방문하고, 어떤 금표인지 연구하는 것이 일상이었으며, 이를 자료로 남기는 과정이 이 책에 고스란히 녹아 있다.

한편, 이 책은 단순히 금표만을 다룬 것은 아니다. 다른 기록과의 교차 분석이 가능한 경우 금표가 담고 있는 역사성을 최대한 살리고자 했다. 가령, 화성 외금양계비의 경우 단순히 금표로 보는 것 이외에 임오화변과 영우원 천봉 등의 역사적 사건을 같이 설명하고자 했다. 또한, 영월 청령포 금표비를 통해 단종의 유배지인 영월을 주목하고, 금표비가 세워진 역사적 배경을 함께 찾아보고자 했다.

아울러 책의 집필을 통해 금표에 대해 많이 알게 되었고, 그 결과 이전에 보던 시각과 크게 달라져 있음을 실감한다. 아마 이 책을 읽는 여러분들도 나와 같은 생각이시리라 생각한다. 그렇기에 책의 집필 과정은 고통이면서도 동시에 오래도록 기억에 남을 그런 작업이 아니었나 싶다. 특히 금표 중 상당수가 비지정 문화재라는 점에서 향후 문화재지킴이 활동을 통해 보호와 연구, 홍보 등을 고민하게 된 지점이기도 하다.

많은 준비를 했음에도 혹여 출판 뒤 오타는 있지 않은지, 잘못된 해석을 한 것은 아닌지 걱정이 앞서지만, 이번 『한국의 금표』 집필은 현재까지 미진한 금표 연구에 있어 기초 자료의 성격을 지닌 것으로 판단된다. 그렇기에 향후 금표 연구에 있어 이 책이 도움이 될 수 있다면 그걸로 이 책의 출간 목적은 충분하다고 생각된다. 많이 부족한 책이지만 이 책이 금표에 대한 인식과 이해를 하는 데 조금이나마 도움이 되었으면 좋겠다.

금표 일람표

순번	금표	주소	지정 문화재	분류
1	화성 외금양계비	경기도 화성시 정남면 관항리 산28–31번지	화성시 유형문화재	금표/왕실/왕릉
2	보은 순조 태실 금표	충청북도 보은군 속리산면 사내리 산1–1번지		금표/왕실/태실
3	보은 순조 태실 화소	충청북도 보은군 속리산면 사내리 257번지(법주사 경내)		
4	홍성 순종 태실 화소	충청남도 홍성군 구항면 태봉리 348–2번지	비지정	
5	영월 철종 원자 융준 태실	강원특별자치도 영월군 주천면 신일리 산356번지		
6	영월 청령포 금표비	강원특별자치도 영월군 남면 광천리 산67–1(청령포 내)		금표/왕실/장소
7	서울 공덕리 금표	서울특별시 마포구 공덕동 467–2번지		
8	전주 자만동 금표	전라북도 전주시 완산구 교동 54–45번지		
9	인제 한계 황장금표	강원특별자치도 인제군 북면 한계리 373번지	국가산림 문화자산	
10	강릉 도진산 금표	강원특별자치도 강릉시 왕산면 고단리 960번지		금표/산림/황장
11	양양 상월천리 금표	강원특별자치도 양양군 현남면 상월천리 297번지	비지정	
12	삼척 사금산 금표	강원특별자치도 삼척시 원덕읍 이천리 1525번지		
13	원주 학곡리 황장외금표	강원특별자치도 원주시 소초면 학곡리 산55–9번지		
14	원주 학곡리 황장금표	강원특별자치도 원주시 소초면 학곡리 1061–20번지	강원특별자치도 기념물	
15	원주 비로봉 황장금표	강원특별자치도 원주시 소초면 학곡리 산33번지	비지정	

16	평창 봉산동계 표석	강원특별자치도 평창군 미탄면 평안리 산102번지	국가산림 문화자산	
17	영월 법흥 황장금표	강원특별자치도 영월군 무릉도원면 법흥리 590–9번지		
18	영월 두산리 황장 금표비	강원특별자치도 영월군 무릉도원면 황정길 23–1	비지정	
19	화천 동천 황장금표	강원특별자치도 화천군 화천읍 동촌리 산11	국가산림 문화자산	
20	홍천 명계리 황장금표	원 위치) 강원특별자치도 홍천군 내면 명계리 210번지 인근 현 위치) 홍천박물관 야외	비지정	금표/산림/황장
21	울진 소광리 황장 봉계 표석 1	경상북도 울진군 금강송면 소광리 산262번지	경상북도 문화재자료	
22	울진 소광리 황장 봉계 표석 2	경상북도 울진군 금강송면 소광2리 산1번지	국가산림 문화자산	
23	문경 황장산 봉산 표석	경상북도 문경시 동로면 명전리 188–1번지	경상북도 문화재자료	
24	예천 명봉리 봉산 표석	경상북도 예천군 감천면 포리 688번지 예천박물관 수장고		
25	영암 건릉 향탄 금호 표석	전라남도 영암군 군서면 도갑리 114–4번지	비지정	
26	문경 김룡사 금계비	경상북도 문경시 산북면 김용리 376번지		
27	대구 수릉 봉산계 표석	대구광역시 동구 용수동 일원 수태골–서봉 등산로	대구광역시 문화재자료	
28	대구 수릉 향탄금계 표석	대구광역시 동구 용수동 27–5번지		금표/산림/향탄
29	경주 불령봉표	경상북도 경주시 양북면 호암리		
30	경주 시령봉표	경상북도 경주시 문무대왕면 와읍리		
31	경주 수렴포봉표	경상북도 경주시 양남면 수렴리 154–1번지	비지정	
32	의성 연경묘봉표	경상북도 의성군 점곡면 명고리 산36번지		
33	구례 내동리 진목봉계	전라남도 구례군 토지면 내동리 산36–32번지		금표/산림/진목

순번	금표	주소	지정 문화재	분류
34	구례 내동리 율목계	전라남도 구례군 토지면 내동리 산36-32번지	비지정	금표/산림/율목
35	정선 강릉부 삼산봉표	강원특별자치도 평창군 진부면 장전리 산1번지	강원특별자치도 유형문화재	금표/산림/삼산
36	인제 산삼가현산 서표 1	강원특별자치도 인제군 상남면 미산리 100-1번지 인근	국가산림 문화자산	
37	인제 산삼가현산 서표 2	강원특별자치도 인제군 상남면 미산리 351-1번지 인근		
38	함안 벽소령 봉산정계	경상남도 함양군 마천면 삼정리 산161번지 벽소령 대피소 인근		금표/산림/기타
39	광주 산성리 금림조합비	경기도 광주시 남한산성면 산성리 산24		
40	충주 미륵리 봉산 표석	충청북도 충주시 중앙탑면 탑평리 47-5번지 충주박물관 야외		
41	안동 봉정사 금혈비	경상북도 안동시 서후면 태장리 산72-1, 72-2번지 봉정사 일주문 인근	비지정	금표/사찰/ 행위금지
42	사천 다솔사 어금혈봉표	경상남도 사천시 곤명면 용산리 산1번지		
43	청주 월리사 폐단금비	충청북도 청주시 상당구 문의면 문덕리 산83-2번지		
44	대구 파계사 원당봉산 표석	대구광역시 군위군 부계면 남산리 일원 (한티휴게소-파계봉 등산로)		
45	보은 법주사 봉교비	충청북도 보은군 속리산면 사내리 256번지 법주사 경내		
46	합천 해인사 금패와 행위 금지 각석	1) 금패, 대지계내물입택묘: 경상남도 합천군 가야면 구원리 산14-2번지 2) 하교남여필파: 경상남도 합천군 가야면 구원리 산2-2번지 3) 조산대 각석: 경상남도 합천군 가야면 치인리 산14-2번지		

47	양산 통도사 산문금훈주 표석	경상남도 양산시 하북면 지산리 산83-61번지	
48	화성 용주 금연·금주 표석	경기도 화성시 송산동 188번지 용주사 경내(삼문)	금표/사찰/ 행위금지
49	양산 팔도승지금지석	경상남도 양산시 하북면 지산리 513	비지정
50	강진 무위사 금표	전라남도 강진군 성전면 월하리 1175-1번지 무위사 경내	금표/사찰/기타
51	강화 마니산 참성단 금표	인천광역시 강화군 화도면 문산리 산68-2번지	
52	안동 용수사 금호비	경상북도 안동시 도산면 운곡리 273-1번지	경상북도 문화재자료
53	제주 입산봉 금경산 표석	제주특별자치도 제주시 구좌읍 김녕리 1037-2번지	
54	제주 수월봉 영산비	제주특별자치도 제주시 한경면 고산리 3761 ※원 비석 제주특별자치도 제주시 한경면 고산리 2169-4번지 고산1리사무소	비지정
55	제주 추자도 신묘금지비	제주특별자치도 제주시 추자면 대서리 28-1번지	금표/장소/ 종교·신앙
56	서울 동묘 금잡인 표석	서울특별시 종로구 숭인동 238-1번지 동묘공원	서울특별시 유형문화재
57	강화 동관제묘 금잡인 표석	인천광역시 강화군 강화읍 신문리 467번지	
58	강화 남관제묘 금잡인 표석	인천광역시 강화군 강화읍 신문리 532-1번지	
59	서울 수유동 궁금장 각석	서울특별시 강북구 우이동 (북한산둘레길 2코스, 보광사 인근)	비지정
60	서울 우이동 궁림장금표 각석	서울특별시 강북구 우이동 삼양로 173번길	금표/장소/사산
61	서울 은언군 묘역 사패 금표석	서울특별시 은평구 진관동 221번지 (은평한옥박물관 야외)	금표/장소/ 사패지

순번	금표	주소	지정 문화재	분류
62	서울 경천군 이해룡 사패지 송금비 1	서울특별시 은평구 진관동 산25번지	서울특별시 기념물	금표/장소/ 사패지
63	서울 경천군 이해룡 사패지 송금비 2	서울특별시 은평구 진관동	서울특별시 기념물	금표/장소/ 사패지
64	용인 금양계 표석	경기도 용인시 처인구 이동읍 서리 75-4번지	비지정	금표/장소/ 금양지
65	고양 연산군 시대 금표비	경기도 고양시 덕양구 대자동 산10-1번지	경기도 문화재 자료	금표/행위금지/ 사냥터출입금지
66	서울 사릉 석물 채석장 터 부석금표 1	서울특별시 강북구 수유동 산127-1 (구천계곡 가는 길)	서울특별시 기념물 (서울 사릉 석물 채석장 터)	금표/행위금지/ 부석
67	서울 사릉 석물 채석장 터 금표	서울특별시 강북구 수유동 산127-1 (수유동 분청사기 가마터 인근)		
68	서울 사릉 석물 채석장 터 부석금표 2	서울특별시 강북구 수유동 산127-1 (구천계곡 인근)		
69	강화 강화읍 금표	인천광역시 강화군 강화읍 해안동로1366번길 18 강화군사박물관 야외	비지정	금표/행위금지/ 방생·재
70	음성 대장리 금표	충청북도 음성군 소이면 대장리 374-1번지 대장초등학교 야외		
71	부산 효암리 월경전복채취금 령불망비	부산광역시 남구 유엔로 152번길 부산박물관 야외		금표/행위금지/ 채복
72	제주 애월리 금장비	제주특별자치도 제주시 애월읍 애월리 1587번지 애월리사무소	비지정	금표/행위금지/ 장묘
73	제주 곽지리 동중금장	제주특별자치도 제주시 애월읍 곽지리 2076-2번지		
74	부산 약조제찰비	부산광역시 남구 유엔로 152번길 부산박물관	부산광역시 기념물	금표/행위금지/ 약조제찰비
75	서울 이윤탁 한글영비	서울특별시 노원구 하계동 12번지	보물	금표/기타/한글

76	포천 인흥군 묘계비	경기도 포천시 영중면 양문리 540-3번지	비지정	금표/기타/한글
77	문경 조령 산불됴심 표석	경상북도 문경시 문경읍 상초리 산42-49번지	경상북도 문화재자료	금표/기타/한글
78	영암 남송리 금표	전라남도 영암군 금정면 남송리 31번지	비지정	금표/기타/ 목적불명

1장 금표의 이해

1. 능(陵)은 왕과 왕비, 대비의 무덤을 이야기하며, 원(園)은 그보다 한 단계 낮은 세자와 세자빈, 왕을 낳은 후궁의 무덤에 붙여진 명칭이다. 그 외의 무덤은 모두 묘(墓)로 칭했다.

2. 금지를 표시한 정계를 함부로 넘지 말 것(넘으면 처벌), 노부세(路浮稅)를 주고받지 말 것(어길 시 처벌), 개시할 때 각방에 몰래 들어가 물건을 사고파는 행위 금지(어길 시 처벌), 5일마다 잡물을 공급할 때 색리, 고자, 소통사 등은 화인을 끌고 다니며 구타하지 말 것(어길 시 처벌), 처벌 시 왜관의 문밖에서 처형 등을 기록하고 있다.

3. 삼금(三禁): 소나무와 소, 술을 뜻한다.

4. '의송지(宜松地)'와 같은 의미다.

5. 금산(禁山) 관련 설명 중, "이에 따라 1684년(숙종 10) 해변 30리 대신 의송산을 별도로 선정하여 금송하는 방안을 골자로 하는 '제도연해송금사목(諸道沿海松禁事目)'을 발표하였다. 이는 갑자사목(甲子事目)으로 불리며 조선후기 금산, 금송 정책의 근간을 이루었으며, 이때 지정된 금산은 '의송산으로 초봉(抄封)한 산'이라는 의미에서 '봉산(封山)'으로 불리게 되었다." 참고(위키실록사전, http://dh.aks.ac.kr/sillokwiki/index.php/%EA%B8%88%EC%82%B0(%E7%A6%81%E5%B1%B1))

6. 봉상시(奉常寺): 국가의 제사, 시호 등의 업무를 주관한 조선시대 관서

7. 절목(節目): 특정한 사안에 대한 시행세칙

8. 해당 문단은 《오마이뉴스》, 2021.05.14, 「전주 자만동 벽화마을에 간다면, 이 금표도 함께 보세요」 수정·재인용

9. 조경단(肇慶壇): 전주 이씨의 시조 이한(李翰)의 묘

10. 《노컷뉴스》, 2006.08.18. "'순종'→'창덕궁 이왕(李王)' 표기…일제 초기 판결록 나와" 참고

11. 《인천일보》, 2022.03.27. "[김희태의 히스토리&스토리]영화 '명당'과 가야사, 욕망의 대상이 된 땅" 재인용
이대천자지지(二代天子之地)는 2대에 걸쳐 천자가 배출되는 땅이라는 의미다.

"이러한 믿음 때문이었는지 남연군의 묘를 이장한 뒤 흥선군의 아들인 고종(高宗, 재위 1863~1907)과 손자인 순종(純宗, 재위 1907~1910)은 천자의 자리에 올랐고, 흥선군 자신은 왕의 아버지인 대원군(大院君)이 되어 권력의 정점에 올랐다. 『매천야록』을 보면 만인(萬印)이라는 이름의 산인(山人)이 운현궁을 찾아 훗날 고종이 중흥지주(中興之主)가 될 것이라며 축하했다. 하지만 이러한 평가와는 달리 남연군의 묘는 1868년(고종 5) 독일인 오페르트에 의한 도굴 시도가 있었고, 1910년(순종 4)에는 일제의 강제병합으로 나라가 망했다. 여기에 해방 이후 조선 왕실의 몰락 과정을 보면 만인의 말이 맞았다고 보기는 어렵다."

12. 남연군(南延君)은 본래 인조의 세 번째 아들인 인평대군(麟坪大君)의 6대손으로, 은신군의 양자가 되고 남연군으로 봉군되었다.

13. 해당 문단은 《인천일보》, 2022.03.27. "[김희태의 히스토리&스토리]영화 '명당'과 가야사, 욕망의 대상이 된 땅" 수정·재인용

14. 권업모범장(勸業模範場): 1906년 수원에 설치된 농업연구기관으로, 농업 기술의 개량 및 육종 등을 연구했다.

15. 범어사(梵魚寺)는 '부산광역시 금정구 범어사로 250'에 위치한 사찰로, 사찰의 경계에는 범어사경계표(梵魚寺境界標), 범어사기(梵魚寺基) 등이 새겨진 각석이 확인되고 있다.

16. 인천 개항장에는 각국의 조계지가 있었는데, 이러한 조계지의 경계를 표시한 표석이 각국조계석이다. 각국조계석의 전면에 각국지계(各國地界), 후면에는 조선지계(朝鮮地界)가 새겨져 있다.

17. 산성정계(山城定界) 각석은 지난 2016년 한국등산사연구회에 의해 발견되어 그 존재가 알려졌으며, 북한산성에 속한 땅의 경계를 표시한 것으로 보고 있다. 『승정원일기』에 산성 서문 밖 버려진 골짜기의 개간을 위해 5리에 한해 정계를 했고, 이를 위해 백성들의 세금을 면제하는 내용이 확인되고 있다. / 『승정원일기』 521책(탈초본 28책) 숙종 46년(1720) 2월 15일 '引接에 閔鎭遠이 입대하여 北漢山城 定界 안의 起墾處를 免稅해 주는 문제에 대해 논의함'

○ 引接入對時, 知敦寧閔鎭遠所達, 北漢山城西門外, 有一洞壑陳荒處, 都提調備給農牛, 募民起墾, 而土甚磽瘠, 所收不足以應稅, 故願耕者絶少矣. 南漢城外, 亦有起墾處, 定里數免稅之規, 南北漢宜無異同, 令各其地方官, 與本城別將眼同, 限五里定界後, 定界內築城後起墾處, 依南漢例免稅, 何如? 令曰, 依南漢例爲之. 已上戶曹謄錄

18. 당시 산림은 '집과 건축물의 재료', '난방 목적', '임산물 채취' 등 백성들에게 있어 생존 수단이나 마찬가지였다.

19. 한때 산림청은 내무부의 외청에 속하기도 했는데, 이는 그만큼 정권 차원에서 관심을 기울였다는 반증이다. KBS, 2013.08.03. 〈박정희 대통령은 어떻게 국토의 65%를 나무로 덮었을까? 세계가 놀란 '산림녹화' 비하인드 스토리〉 참고

20. 현신규 박사는 서울대학교 농과대학 교수와 농촌진흥청장을 역임한 산림학자이다.

2장 왕실금표

21. 외금양계비가 있는 태봉산은 화성시 정남면과 봉담읍의 경계에 있는 산으로, 해당 비석의 위치는 관항1리에서 태봉산 정상으로 가는 등산로 상인 '경기도 화성시 정남면 관항리 산28-31번지'에 있다.

22. 《경인일보》, 2004.11.15. 「조선 왕릉보호 금표석 첫 발견」 중, "강내욱 행정사료수집추진위원이자 전 경기도박물관장은 "도내 조선시대 많은 왕릉이 있는데도, 금표석이 발견되기는 이번이 처음"이라며 "금표석은 산불예방과 산림보호를 위해 설치한 것으로 조선 후기 산림 행정 사료로 가치가 높은 만큼 경기도 문화재로 지정 보호돼야 한다"고 말했다." 참고

23. 《인천일보》, 2023.08.22. 「화성 외금양계비, 화성시 향토문화재 지정」 참고

24. 『일성록(日省錄)』: 왕의 일기로, 국왕의 행적과 말, 국정 상황 등을 기록하고 있다.

25. 해당 문단은 '김희태, 2022, 『정조 능행길의 현 상황과 과제』, 수원역사문화연구 제10집' 수정·재인용

26. 『영조실록』 1736년(영조 12) 3월 15일, "원자를 책봉하여 왕세자로 삼다. 책명을 선포하다." 참고

27. 삼종(三宗): 효종과 현종, 숙종을 뜻한다.

28. 『영조실록』 1735년(영조 11) 1월 21일, "영빈 이씨가 원자를 집복헌에서 탄생하다" 참고

29. 최봉영, 2013, 『영조와 사도세자 이야기』, 한국학중앙연구원출판부, 37~39P 참고

30. 『한중록』에는 사도세자의 정신 질환이 의대증(衣帶症), 화증 등으로 기록하고 있다.

31. 사도세자와 혜빈 홍씨 사이에서 맏이인 의소세손(1750~1752)과 차남인 정조가 태어났다. 이중 의소세손은 태어난지 불과 2년 만에 세상을 떠났기에 이때의 세손은 정조다.

32. 혜경궁 홍씨로, 혜빈은 세자빈 시절의 호칭이다.

33. 『영조실록』 1762년(영조 38) 8월 26일, "사도 세자의 죽음과 관련한 좌의정 홍봉한의 차자" 중

34. 죄인지자불가승통(罪人之子不可承統): 죄인의 아들은 왕이 될 수 없다.

35. 『정조실록』 1779년(정조 즉위년) 3월 10일, "빈전 문밖에서 대신들을 소견하고 사도 세자에 관한 명을 내리다." 중

36. 수은묘(垂恩墓): 양주 배봉산, 지금의 서울시립대학교에 위치하고 있었다.

37. 박명원(朴明源)은 영조와 영빈 이씨 소생의 화평옹주의 혼인해 부마가 되었고, 금성위(錦城尉)의 위호를 받았다. 즉 정조는 박명원을 통해 영우원 천봉이라는 자신의 뜻을 펼친 것이라 볼 수 있다.

38. 김희태, 2022, 『정조 능행길의 현 상황과 과제』, 수원역사문화연구 제10집. 14P 〈표1〉 능, 원의 석물 배치와 현륭원 재인용

39. 파주 장릉(長陵): 인조와 인열왕후 한씨의 합장릉이다.

40. 건축물의 기둥과 기둥 사이를 1칸이다. 따라서 2칸은 기둥이 3개인 건물임을 의미한다.

41. 해당 문단은 '김희태, 2022, 『화성 외금양계비의 연구와 과제』, 이야기가 있는 역사문화연구소 학술 발표집' 수정·재인용

42. 반면, 『일성록』에 기록된 화소 경계는 주봉(主峯)인 화산의 북쪽 초산(草山), 동쪽은 성황현(城隍峴)에서 산등성이를 따라 내려와 안녕리(安寧里)까지, 서쪽으로 갈현(葛峴)에서 산등성이를 따라 내려와 옛 향교(鄉校) 뒤의 고개까지, 남쪽으로 옛 향교 뒤의 고개에서 안산(案山)인 봉봉(鳳峯)을 따라 내려와 돌곶이(石串) 모퉁이까지의 경계가 1만 2540보 남짓으로 기록하고 있다.

43. 안녕면 독지촌은 지금의 안녕리 표석 일대로 추정된다. 단, 현 안녕리 표석의 위치는 원 위치는 아니다. 주민의 증언에 따르면 안녕리 표석의 원래 위치는 '경기도 화성시 안녕동 56-6번지'로, 이곳에 장승과 표석이 함께 있었다고 한다.

44. 석곶이는 현 경기도 화성시 안녕동 128-7번지 일원으로 추정되는데, '돌고지'

지명이 새겨진 표석이 남아있다.

45. 성황산은 용주사 뒤쪽, 남수원 골프장과 탄약고 내에 있다.

46. 고서문(古西門)은 수원고읍성의 서문으로, 현재 길 때문에 나누어진 경기도 화성시 봉담읍 와우리 42-81번지 일대로 알려져 있다. 고서문으로 추정되는 장소 인근에는 성벽의 일부가 남아 있어 현륭원의 화소 경계가 수원고읍성의 성벽 구간을 포함한 것을 알 수 있다.

47. 봉조봉(鳳鳥峯): 현 지명은 봉지봉산으로 경기도 화성시 정남면 보통리 산21-1 번지다.

48. 노적봉(露積峯): 화성시 정남면과 오산시 서량동 사이에 있는 봉우리로, 독산성 아래 방향에 위치하고 있다.

49. 양산(陽山): 양산봉 혹은 양산 서봉으로도 불리며, 독산성 위쪽, 한신대학교 뒤 쪽에 자리하고 있다.

50. 『일성록』 순조 즉위년(1800) 10월 22일, "예조가 산릉의 경계를 정한 데 대해 아 뢰었다." 참고

51. 단, 홍범산의 경우는 현륭원 조성된 이후 정조의 재위 기간 중 화소로 편입된 것으로 보인다. 이는 『일성록』 1792년 2월 17일 기록 참고, "화소로 추가 지정 한 홍범산(洪範山)은 사초(莎草)가 벗겨진 곳이 많아 직(稷)을 파종하거나 풀씨를 파종하여 덮어씌우는 방도로 삼는 것을 늦출 수 없습니다."

52. 필로(蹕路): 왕이 이동하던 길, 이때 길을 통제하고 통행을 금지함

53. 세람교(細藍橋): 경기도 오산시 양산동 490-1번지 일원

54. 봉학교비(鳳鶴橋碑) 황구지천 옆 제방 인근에서 확인된 비석으로, 봉학교는 과거 세람교의 다른 이름으로 추정된다. 현재 한신대학교 박물관에 소장 중이다.

55. 홍범산 들머리는 방향으로 볼 때 현 수원대학교 방향의 홍법산 입구로 추정된 다. 하남산의 경우 상남산과 봉조봉의 중간에 위치하고 있는데, 주소는 경기도 화성시 정남면 보통리 141-42번지로 추정된다. 다만 수원과학대학과 골프장이 들어서며 원형이 많이 훼손된 상태다. 배양치의 경우 네이버 지도에서는 경기 도 화성시 배양동 19-250번지로 표기되나 이곳이 맞는지는 확실하지 않다.

56. 『일성록』 1798년(정조 22) 2월 21일 중 "태봉(胎峯)을 금양(禁養)하는 것에 대해 내 사(內使)가 지금 막 거조(擧條)를 냈는데 금양하는 것뿐만 아니라 부지런히 씨를 뿌리고 나무를 심어야 한다. 이곳은 홍범산(洪範山)과 서로 가까운데 처음에 홍

범의 여러 산에만 오로지 신경을 썼으므로 미처 이곳에 신경을 쓸 겨를이 없었다. 근래에 홍범산이 울창하게 숲을 이루었기 때문에 이곳도 씨를 뿌리고 나무를 심어야 한다는 것을 더욱 잘 알게 되었다. 몇 년 안에 숲이 울창하게 우거지는 효과를 볼 수 있겠는가?"하니, 조심태가 아뢰기를 "땅도 나무를 심기에 적합하여 나무가 잘 자랄 것이니 2, 3년이 지나지 않아 울창하게 될 것입니다." 참고

57. 『일성록』 정조 15년 신해(1791) 3월 30일 "중희당(重熙堂)에서 전 수원 부사(水原府使) 조심태(趙心泰), 진위 현령(振威縣令) 조윤식(曺允植)을 소견하였다." 중

58. 정소(呈訴): 어려움을 호소하는 행위

59. 『일성록』 정조 22년 무오(1798) 2월 19일, "원소(園所) 밖의 금양(禁養)하는 곳에 금표(禁標)와 표석(標石)을 새겨서 세우라고 명하였다." 중

60. 기록의 소중한 분은 문맥상 사도세자를 뜻하는 것으로 보인다.

61. 『일성록』 정조 22년 무오(1798) 2월 19일, "원소(園所) 밖의 금양(禁養)하는 곳에 금표(禁標)와 표석(標石)을 새겨서 세우라고 명하였다." 중

62. 해당 문단은 '김희태, 2021,『경기도의 태실』, 경기문화재단' 18~36P 참고

63. 현우(賢愚): 현명하거나 어리석다는 의미

64. 『문종실록』 권3, 문종 즉위년 9월 8일 "풍수학에서 왕세자의 태실을 옮기도록 청하다" 참고

65. 만노군(萬弩郡): 현 충청북도 진천군의 옛 지명으로, 이곳에 김유신의 태실이 있는 이유는 그의 아버지인 김서현이 만노군의 태수로 있었기 때문이다.

66. 『2020 경기도 태봉태실 조사보고서』, 2021, 경기문화재연구원, 28P 참고

67. 김희태, 2020,『경기학 광장 가을호』,「경기도 소재 성종 자녀 태실의 태주 검토」, 경기학연구센터 113P 참고

68. 『세종실록』 권74, 세종 18년(1436) 8월 8일 "음양학을 하는 정앙의 글에 따라 사왕의 태를 길지에 묻게 하다."

69. 국립문화재연구소, 2006,『국역 태봉등록』임인(1662) 2월 초 1일 기사 중 "무릇 태봉은 산의 정상을 쓰는 것이 전례이며, 내맥이나 좌청룡 우백호나 안산은 보지 않는 것이 원칙이라고 합니다."

70. 『화성저널』, 2019.08.26.「화소(火巢)를 아시나요?」 수정·보완 재인용

71. 『승정원일기』 1731년(영조 7) 6월 9일, "월대에서 총호사 등이 청대하여 입시한

자리에 총호사 홍치중 등이 입시하여 새 능의 좌향, 복제 등에 대해 논의하였다." 참고

72. 해당 문단은 《오마이뉴스》, 2021.04.12. 「봉교비가 들려주는 법주사와 순조 태실」 수정·재인용

73. 삼정(三政): 조선의 조세제도의 근간인 전정(田政)·군정(軍政)·환정(還政) 등을 말한다.

74. 보은 순조 태실 금표는 세심정으로 가는 도로 방향으로, 목욕소에 못 미친 곳에 세워져 있다.

75. 광릉(光陵): 세조와 정희왕후 윤씨 능이다.

76. 『승정원일기』에는 1910년 8월 25일, 순종의 칙유가 기록되어 있는데, 통치권을 일황에게 양여한다는 내용이다. 그 내용은 다음과 같다.
"칙유(勅諭).
황제는 이르노라. 짐(朕)이 부덕(否德)으로 간대(艱大)한 왕업(王業)을 이어 받들어 임어(臨御)한 이후로 오늘에 이르기까지 유신 정령(維新政令)에 관하여 속히 도모하고 여러모로 시험하여 힘써온 것이 일찍이 지극하지 않음이 없었으되 줄곧 쌓여진 나약함이 고질을 이루고 피폐(疲弊)가 극도(極度)에 이르러 단시일 사이에 만회(挽回)할 조처를 바랄 수 없으니, 밤중에 우려(憂慮)가 되어 뒷갈망을 잘할 계책이 망연(茫然)한지라. 이대로 버려두어 더욱 지리하게 되면 결국에는 수습을 하지 못하는 데에 이르게 될 것이니, 차라리 대임(大任)을 남에게 위탁하여 완전할 방법과 혁신(革新)의 공효(功效)를 이루게 하는 것만 못하겠다. 짐이 이에 구연(瞿然)히 안으로 반성하고, 확연(確然)히 스스로 판단하여 이에 한국의 통치권(統治權)을 종전부터 친근하고 신임(信任)하던 이웃나라 대일본 황제 폐하께 양여(讓與)하여 밖으로 동양(東洋)의 평화를 공고히 하고, 안으로 팔도 민생(民生)을 보전케 하노니, 오직 그대 대소 신민(大小臣民)들은 나라의 형편과 시기의 적절함을 깊이 살펴서 번거롭게 동요하지 말고, 각각 그 생업에 편안히 하며 일본 제국(日本帝國)의 문명 신정(文明新政)에 복종하여 모두 행복을 받도록 하라. 짐의 오늘 이 거조는 그대들을 잊어버린 것이 아니라 그대들을 구활(救活)하자는 지극한 뜻에서 나온 것이니, 그대 신민(臣民) 등은 짐의 이 뜻을 잘 체득하라."

77. 해당 동상은 1909년 순종의 남순행을 기념해 지난 2017년 만들어졌는데, 그간 친일미화와 역사 왜곡 논란에 휩싸였다. 향후 달성토성의 복원과 맞물려 철거될 것으로 보인다. 뉴스 1, 2023.07.06. 「역사 왜곡 논란 순종 황제 동상…대구

중구 '철거 검토」 참고

78. 『승정원일기』를 보면 1874년(고종 11) 충청도 결성현(結城縣) 구항면 난산에 태실을 조성했음을 알 수 있다.

79. 김희태, 2021, 『경기도의 태실』, 경기문화재단 181~184P 참고

80. 해당 태실은 과거 철종 태실로 잘못 알려져 있었다. 다만 철종 왕세자 태실 표기 역시 잘못된 것이다. 이유는 융준은 돌이 되기 전 세상을 떠나 세자로 책봉되지 못했기 때문에 왕세자라는 호칭은 잘못된 것이다.

81. 융준에 세상을 떠난 뒤 철종마저 1864년(철종 15) 1월 14일에 세상을 떠났다. 그렇게 사도세자의 혈통은 철종의 죽음으로 단절되었다.

82. 『승정원일기』 2609책(탈초본 125책) 철종 9년(1858) 11월 22일, "趙寅燮, 以觀象監領事提調意啓曰, 元子阿只氏藏胎吉地, 江原道原州府酒泉面伏結山下壬坐丙向, 受點矣。吉地旣爲完定, 安胎吉日時, 令日官推擇以入, 何如? 傳曰, 允"

83. 함풍(咸豊): 청나라 황제인 함풍제(咸豊帝, 文宗 재위 1850~1861)의 연호다.

84. 해당 문단은 《논객닷컴》, 2020.05.12. 「청령포에 금표비가 세워진 이유는?」 수정·재인용

85. 자규루를 말한다.

86. 묘호(廟號): 종묘의 신위를 모실 때 붙여졌다.

87. 실제 단종의 태실은 '경상북도 성주군 가천면 법전리 산10/산11-1번지'에 있었으나 세조가 즉위한 뒤 파괴되었다. 그러다 숙종 때 단종이 추복되면서 단종의 태실을 찾는 과정에서 사천 인성대군의 태실이 단종의 태실로 오인됨에 따라 가봉이 이루어졌다. 따라서 사천 傳 단종 태실지 혹인 사천 인성대군 태실 및 단종 태실 석물 등으로 고쳐 부르는 것이 옳다.

88. 숭정(崇禎)은 명나라의 마지막 황제인 숭정제(崇禎帝, 毅宗)의 연호로, 숭정 99년을 환산해보면 1726년(영조 2)이다.

89. 『승정원일기』 고종 35년 1월 20일 자 기록 참고

90. 전정(田政): 토지에 부과된 세금
군정(軍政): 조선시대 군복무와 관련한 제도로, 병역자원을 등록한 군적(軍籍)과 이들을 대상으로 군포를 걷어 직업군인의 급여를 대는 형태의 군포(軍布) 제도를 뜻함, 영조 때 2필이던 군포를 1필로 줄였으나, 조선 후기 삼정의 문란 속에 군포의 부담은 백성들에게 큰 부담으로 다가왔다.

환정(還政): 춘궁기에 식량과 씨앗을 빌려주었다가 추수 후 이자를 붙여 되갚는 것을 일컫는 제도

91. 조선 역사상 대원군은 총 4명으로, 선조의 생부인 덕흥대원군(德興大院君), 인조의 생부인 정원대원군(定遠大院君), 철종의 생부인 전계대원군(全溪大院君), 마지막으로 고종의 생부인 흥선대원군(興宣大院君)이다. 이 중 살아생전 대원군으로 봉해진 이는 흥선대원군이 유일하며, 정원대원군의 경우 인조에 의해 왕(원종, 元宗)으로 재추존되었다.

92. 『매천야록(梅泉野錄)』: 매천 황현(黃玹, 1855~1910)이 쓴 역사책으로 흥선대원군 집권부터 경술국치까지의 역사를 담고 있다.

93. 『매천야록』, 2006.10.20. 황현, 서해문집, 19P 참고

94. 『매천야록』, 2006.10.20. 황현, 서해문집, 23P 참고

95. 『조선왕조실록』, 『순종실록 권2』, 순종 1년(1908) 1월 30일 "대원왕의 원소를 파주군으로 옮기다." 참고

96. 본래 흥선군(興宣君)으로 불렸으나, 고종이 즉위한 뒤 왕의 아버지였기에 대원군(興宣大院君)으로 봉해져 흥선대원군이 되었다. 신도비 상단에 적힌 헌의대원왕(獻懿大院王)은 대한제국이 선포된 이후 순종에 의해 추숭된 것이다.

97. 해당 문단은 《오마이뉴스》, 2021.05.14, 「전주 자만동 벽화마을에 간다면, 이 금표도 함께 보세요」 수정·재인용

98. 이목대는 전라북도 기념물 제16호로 지정되어 있다.

3장 산림금표

99. 병선 제작용 소나무의 경우 안면도의 사례에서 보듯 주로 섬이나 해안가에서 자란 소나무로 제작되었는데, 선재용 목재를 보호하기 위한 봉산이 선재봉산(船材封山)이다.

100. 강판권, 2013, 『조선을 구한 신목, 소나무』, 문학동네 51~99P 「소나무 소비의 증가 요인」 참고

101. 울진 소광리 대왕소나무: 국가산림문화자산 2021-0003

102. 『만기요람(萬機要覽)』은 1808년(순조 8) 순조의 명에 의해 서영보(徐榮輔)와 심상규 (沈象奎) 등이 군정(軍政)과 재정(財政) 등을 파악하기 위해 만든 책이다.

103. 인제 한계 황장금표와 황장목림: 국가산림문화자산 2014-0009

104. 양양 상월천리 금표의 위치는 '강원특별자치도 양양군 현남면 상월천리 297번 지'로, GPS는 다음과 같다.

N 37.993684(37도 56분 1초) S 128.715534(128도 42분 55초)

105. 양양 달아치 교표 각석의 GPS는 다음과 같다.

N 37.983446 S 128.617080

106. 양양 갈밭구미 교표 각석의 GPS는 다음과 같다.

N 37.922898 S 128.587369

107. 해당 문단은 《오마이뉴스》, 2021.02.02, 「유실 우려되는 삼척 사금산 금표, 보 존과 관리 필요」 수정·재인용

108. 『한국향토문화전자대전』과 『디지털삼척문화대전』에 기록된 「황장목 목도꾼 소 리」는 다음과 같다.

1. 여러분네 일심동력[후렴: 웃야호호]/앉았다가 일어서며[후렴]/고부랑곱신 당겨주오/낭그는크고 사람은적다[후렴]

2. 옛차소리 낭기간다[후렴]/마읍골에 낭기간다[후렴]/한치두치 지나가도/태산 준령 넘어간다[후렴]

3. 앞줄에는 김장군이[후렴]/뒷줄에는 이장군이[후렴]/여기 모인 두메 장사[후 렴]/힘을내어 당겨주오[후렴]

4. 왈칵돌칵 돌고개냐[후렴]/타박타박 재고개냐[후렴]/굼실굼실 잘도간다[후렴]

5. 마읍골의 사금산에[후렴]/불갱골에 오백여년[후렴]/한해두해 자란솔이[후 렴]/황장목이 되었구나[후렴]

6. 아방궁의 상량목이[후렴]/이낭기가 될라는가[후렴]/백양대의 도리기둥이[후 렴]/이낭기가 될랴는가[후렴]

7. 이낭기가 경복궁의[후렴]/상양목이 되었구나[후렴]/한양천리 먼먼길에[후 렴]/태산준령 고개마다[후렴]

8. 녹수천강 구비마다[후렴]/덩실덩실 잘도간다[후렴]/태고적 시절인가[후렴]/ 청탁을 가리던가[후렴]

9. 요순적 시절인가[후렴]/인심도 인후하고[후렴]/초한적 시절인가[후렴]/인심 도 야박하고[후렴]

10. 전국적 시절인가[후렴]/살기도 등등하네[후렴]/만고영웅 진시황이[후렴]/
천하장사 힘을빌어[후렴]

11. 돌도지고 흙도져서[후렴]/만리장성 쌓았구나[후렴]/황하수는 메웠어도[후
렴]/봉래바다 못메웠네[후렴]

12. 동남동녀 싣고간배[후렴]/하루이틀 아니오네[후렴]/삼각산에 내린용설[후
렴]/한양도읍 학의형국[후렴]

13. 무학이 잡은터에[후렴]/정도전이 재혈하야[후렴]/오백년 도읍할제[후렴]/
금수강산 삼천리에[후렴]

14. 방방곡곡 백성들아[후렴]/임임총총 효자충신[후렴]/집집마다 효부열녀[후
렴]/국태민안 시화세풍[후렴]

15. 국가부영 금자탑을[후렴]/어서어서 쌓아보세[후렴]/만고불멸 은자성을[후
렴]/이낭그로 쌓아주세[후렴]

109. 『관동지』에는 황지산(黃池山), 소달산(所達山), 마읍산(麻邑山), 궁방산(宮房山), 가
곡산(可谷山) 등의 황장봉산이 기록되어 있다. 이 가운데 사금산은 이 가운데 마
읍산으로 추정되는데, 이는 1794년 제작된 『삼척부읍지』에 '교가천(交柯川)'이 부
의 남쪽 30리에 있는데, 마읍산(麻邑山)에서 발원하여 바다로 들어간다고 했기
때문이다. 『척주지』에서도 교가천이 마라읍산(麻羅邑山)에서 발원한 것으로 기록
하고 있는데, 마라읍산은 마읍산의 다른 이름으로 보인다. 여기서 교가천은 현
마읍천으로 추정되는데, 마읍천의 발원지가 사금산이기에 '마읍산'은 '사금산'
과 같은 장소로 추정된다.

110. 1884년(고종 21)년에 제작된 회화식 군현지도첩 가운데 삼척을 그린 지도에 마읍
산이 등장하고 있어, 1884년까지도 마읍산으로 불렸음을 알 수 있다.

111. 해당 문단은 《오마이뉴스》, 2021.05.21, 「치악산 비로봉 오를 때 3기의 황장금
표도 찾아보세요」 수정·재인용

112. 구룡사 매표소를 지나면 왼쪽에 원주 학곡리 황장금표의 이정표와 계단이 있다.

113. 치악산의 정상인 비로봉에서 입석사 방향으로 등산로를 걷다 보면 원주 비로봉
황장금표를 만날 수 있다.

114. 평창 미탄 봉산동계 표석: 국가산림문화자산 2014-0004

115. 영월 법흥 황장금표: 국가산림문화자산 2014-0003

116. 2016년 전까지는 수주면으로 불렸다.

117. 화천 동천 황장금표: 국가산림문화자산 2014-0002

118. 예전에는 마을로 가려면 배를 타고 가야 했다. 말 그대로 육지 속의 섬이라 해도 틀린 말은 아니다. 지금이야 해산령에서 비수구미 마을까지 이어진 생태길이 있어 더 이상 과거와 같은 오지의 이미지는 아니며, 근래에는 트레킹 코스로 유명세를 타고 있어 많은 이들이 찾는 장소다.

119. 지번으로 검색할 경우 강원특별자치도 화천군 화천읍 동촌리 산11번지에 해당하나 이 경우 너무 광범위해 찾기가 어렵다. 화천 동촌 황장금표를 찾기 위해서는 강원특별자치도 화천군 화천읍 동촌리 2713번지를 검색한 뒤 현수교 맞은편을 찾으면 된다.

120. 2015년 서면에서 금강송면으로 변경되었다.

121. 금강소나무숲길은 예약제이기에 사전에 신청하지 않은 경우 방문이 어려운 곳이지만, 울진 소광리 황장봉계 표석(A)의 경우는 별도의 허가 없이 자유롭게 방문할 수 있다.

122. 울진 소광 황장봉계 표석: 국가산림문화자산 2015-0004

123. 경차관(敬差官): 조선시대에 지방으로 파견된 중앙 관리로, 특별한 목적을 수행했다.

124. 송정(松政): 소나무를 심고 가꾸는 데 관한 정책 또는 행정 업무, 『한국고전용어사전』

125. 예천 명봉리 봉산 표석의 원래 위치는 명봉사 삼거리로, 경상북도 예천군 효자면 명봉리 510-2번지다. GPS 좌표는 다음과 같다.
36°46'20.8"N 128°22'30.7"E

126. 『목민심서』, 목민심서 공전(工典) 6조 / 제1조 산림(山林), "봉산(封山)의 양송(養松)에 대해서는, 그에 대한 엄중한 금령(禁令)이 있으니 마땅히 조심하여 지켜야 하며, 또 농간하는 폐단이 있으니 세밀하게 살펴야 한다." 참고, 경차관이 파견된 황장봉산은 경상도에 안동(安東)·영양(英陽)·예천(醴泉)·영덕(盈德)·문경(聞慶)·봉화(奉化)·영해(寧海) 등 7읍(邑)이 있다.

127. 나말여초(羅末麗初): 신라 말과 고려 초의 시기를 뜻한다.

128. 이두(吏讀): 한자의 음과 훈으로 고대 한국어를 표기한 것을 이두(吏讀)라 부름

129. 『정조실록』 1787(정조 11) 1월 9일, "선혜청 제조 서유린이 의빈묘의 위전을 절수하는 일로 아뢰다." 중
"선혜청 제조 서유린(徐有隣)이 의빈묘(宜嬪墓)의 위전(位田)을 절수(折受)하는 일로 아뢰니, 임금이 말하기를, "근래에 어찌 버려져 있는 땅이 있겠는가? 산허리를

침범해 경작하는 것이 참으로 하나의 고질적인 폐단이어서 도끼로 베기를 기다리지 않더라도 곳곳마다 산이 벌거숭이다. 이는 모두 수령들이 공가(公家)에서 세금을 매기지 않는 것을 이롭게 여겨 백성들에게 경작하기를 허락한 것이니, 읍력(邑力)으로 손을 댈 수 없음을 알 수 있다. 이제 만약 이를 빙자하여 향으로 쓸 향나무와 숯을 만들 참나무를 마련한다는 명목으로 사방에서 널리 구하는데 뒤따라 모리(牟利)하는 자들이 동쪽 서쪽을 가리키며 소란을 피우며 그치지 않을 것이니, 이것이 어찌 내 뜻이겠는가? 경 등은 이런 뜻을 본받아서 궁방(宮房)이나 혹은 영문(營門)·아문(衙門)을 가리키며 소란을 피우며 시장(柴場) 가운데서 유명 무실한 곳은 혁파하고, 만일 합당한 곳을 얻으면 품처하라. 그렇지 않으면 비록 기일에 미치지 못하더라도 절대로 외읍(外邑)에 양안(量案) 밖의 명색(名色)을 획정(劃定)하지 못하게 하라."

130. 하삼도(下三道): 하삼도는 경상도와 충청도 전라도를 부르는 명칭으로, 비슷한 용어로 삼남(三南) 혹은 삼남지방 등으로 부르기도 했다.

131. 건릉(健陵): 정조(正祖, 재위: 1776~1800)와 효의선황후 김씨(孝懿宣皇后 金氏. 1753~1821)의 합장릉이다.

132. 여지도서(輿地圖書): 영조 시기에 제작된 전국 단위의 지리지다.

133. 조대비는 편의를 의해 통용된 명칭일 뿐, 공식적인 '효유대왕대비(孝裕大王大妃)'가 맞다.

134. 현 신문왕 호국행차 길을 출발해 용연폭포를 향해 걷다 보면 확인할 수 있다.

135. 보조 명문의 경우 '최민희, 2008, 경주 양북면『감재(柿嶺)·부처재(佛嶺) 봉표석(封標石) 조사』, 신라문화동인회50년사'의 내용을 참고함

136. 수렴리의 지명은 과거 수영포가 있던 것에서 유래한다.

137. 리멤버 펜션 이정표 아래 바위에 수렴포봉표 명문이 새겨져 있다.

138. 비의 내용과 해석은 '최민희, 2017,『효명세자 연경묘의 경주 봉표비와 관련 선정비』, 경주문화논총 제20집' 참고
    능탄구방 읍시첩역(陵炭舊坊 邑柴疊役)
    동조유교 춘관사혁(東朝有敎 春關斯赫)
    패연봉행 곽언교혁(沛然奉行 廓焉矯革)
    적원득신 감복무두(積寃得伸 感服無數)
    해석) 수릉(綏陵)의 향탄(香炭)을 제공한 옛 마을에
        고을 병진(兵鎭)의 땔나무 잡역이 부과되었다.

동궁의 교시가 내리자

예조에서 보낸 공문이 뚜렷하다.

부윤께서 바로 받들어 행하니

폐단은 분명 바로잡아졌다.

쌓인 원한이 풀리자

모두가 감복하여 즐거워하였다.

139. 숭정기원후 다섯 번째 무자년인 1888년(고종 25) 8월에 남북도민이 세웠다는 의미다.

140. 비의 내용과 해석은 '최민희, 2017,『효명세자 연경묘의 경주 봉표비와 관련 선정비』, 경주문화논총 제20집' 참고

鑴於石 記其蹟 盖重其事 壽其傳也 本面之爲綏陵香炭坊者 今已五十八載 惟陳還卜 勿侵而已 軍還徭役 幷皆混徵兵鎭柴炭 亦爲加責 實爲□盲之瘼 昨年春 懇寃巡營 題曰 香炭進貢之坊 宜培顧恤 兵鎭柴炭 卽爲減 後馳報事校宮稟目 曰 民等 俱是綏陵臣子 各陵香炭之坊 卽有蠲復之典 則一體蠲減 孰敢曰 不可云 而意爲奸納輩毁沮 今年春 有本面人 叫閣之擧 自東朝 敎于春曹 特下 依法典 蠲役之關 幸我明府 以杜召之治 燭其顚末 奉承京關 成給完文 故旣銘于後 以圖不朽云耳 右爲成給事節 到付禮曹關 遽巡營甘結內東海面 乃綏陵香炭坊也 雜役蠲免 與他 宜無異同 而本面之偏被侵苦 是何事體 所謂兵鎭邑火木之役一幷蠲減亦敎是置 貢炭旣係莫重 蠲役亦有常典 則柴炭疊徵 宜有其寃 兵鎭邑柴炭 每戶春秋等條 六錢八分 永勿侵責之意 完文成給 無替遵當者.

해석) 비석에 새겨 그 사적을 기술한 것은, 아마도 그 일이 중대하여 후세에 그 사실을 전하기 위한 것이다. 본 면이 綏陵의 香炭坊이 된 것은 이미 58년이 되었으며, 오직 陳還卜으로 침범하지 말아야 할 뿐이다. 그런데 軍還의 부역은 아울러 모두 徵兵과 柴炭이 뒤섞여 있어서 또한 책무가 가중되었으니, 실로 막중한 폐단이 되었다. 지난 해 봄 관찰사에게 글을 올려 하소연하니, 답장에 이르기를 '향탄을 바친 마을은 곱절이나 더 보살펴 주어야 한다. 변진의 시탄은 즉시 감면하도록 하라'고 하였다. 뒤에 이 일을 향교 稟目에 보고하였다. 그 내용은, 근래 저희들은 모두 수릉의 신하로서 각 능의 향제 때 향과 숯을 바치는 마을이다. 이미 부역을 면제하라는 특전이 있어서 일체 감면되었는데, 누가 감히 옳지 않다고 하겠습니까? 저들이 생각하기에 아마 간사한 무리들의 훼방이 있었던 것 같다. 따라서 금년 봄 본 동해면 사람들이 대궐 앞에 나아가 억울함을 하소연하자, 東宮

께서 예조에 특별히 교시를 내려 법전에 따라 감면하도록 하였다. 다행히 부윤께서는 훌륭한 다스림으로서 그 전말에 대해 밝으셨다. 서울에서 보낸 공문을 받고 完文을 만들었다. 그러므로 비석 뒤에 글을 새겨 먼 후세에 전하고자 할 뿐이다. 다음 成給할 일은, 예조에서 관찰사에 보낸 공문에 의한 것이다. 동해면은 곧 수릉의 향탄방이다. 잡역을 면제하는 것은 여타의 경우와 같을 수 없다. 본 면이 고통을 받은 것은 事體가 얼마나 중요한 일인가? 이른바 兵鎭邑의 땔나무 잡역은 일체 감면하도록 한다. 향탄을 바치는 일이 이미 막중하여 잡역을 면제받은 것은 법전에 있다. 柴炭을 거듭 징수하게 되면 원한이 있을 것이다. 兵鎭邑의 시탄은 집집마다 춘추에 6전8푼으로 하되, 영원히 범침하는 일이 없어야 한다. 완문을 만들어 영원토록 준수하게 하라.

141. 비의 내용과 해석은 '최민희, 2017, 『효명세자 연경묘의 경주 봉표비와 관련 선정비』, 경주문화논총 제20집' 참고

부윤이상공능섭거막선정비(府尹李相公能燮祛瘼善政碑)

이석동봉 유감유리(伊昔東封 有監有吏)

폐유자생 해무불지(弊由玆生 害無不至)

신뢰아후 거수기사(辛賴我侯 擧受其賜)

각석기공 해활산치(刻石紀功 海闊山峙)

신미십월일(辛未十月日)

해석) 옛날 동산의 봉표에

　　　도감과 아전이 있어 보살폈다.

　　　그런데 폐단은 여기서 생겨나

　　　해독이 이르지 아니한 데 없었다.

　　　다행이 우리 부윤께서

　　　나라가 내린 일을 모두 받들어 행하였다.

　　　비석에 그 공을 새기니

　　　바다는 넓고 산은 높도다.

　　　신미년(1871) 10월 어느 날 세우다.

142. 비의 내용과 해석은 '최민희, 2017, 『효명세자 연경묘의 경주 봉표비와 관련 선정비』, 경주문화논총 제20집' 참고

봉산동탁 폐고민환(封山童濯 弊痼民瘝)

유공윤자 애아다간(唯公尹玆 哀我多艱)

교혁속임 유수용간(矯革屬任 有誰容奸)

영세불훤 서차석안(永世不諼 誓此石顔)

해석) 산동이를 봉하여 고질적인 백성의 폐해를 씻다.

　　　오직 공윤만이 나를 슬프게 하니 얼마나 어려운가.

　　　교혁은 누구든지 간사한 자를 용납한다.

　　　영원히 잊지 않고 이 석안을 맹세하다.

143. 의성 연경묘봉표는 도로 옆 석벽에 새겨져 있으며, 접근성이 좋지 않다.

144. 할 위(爲)의 약자다.

145. 첩지에는 고할 두(糾)로 확인되나 문맥상 할 규(糾)로 해석하는 것이 옳다. 이 경우 해당 문구는 승풍규정(僧風糾正)으로 해석된다.

146. 승풍규정소(僧風糾正所): 조선시대에는 전국에 다섯 곳(서울 봉은사·남양주 봉선사·개운사·중흥사·화성 용주사)에 규정소를 두고 승풍을 규정하는 직책을 두었다.

147. 《법보신문》, 2015.04.14. 전영우 「7. 사찰의 향탄봉산 관리」 중 "수릉의 능침사로 대구 동화사를 정하고, 석민헌으로 하여금 수릉에 공급하는 향탄봉산수호총습과 팔도승풍규정을 위한 도승통자로 임명한다(禮曺 釋敏軒爲 綏陵造泡屬寺 慶尙道 大邱桐華寺 兼 香炭封山守護總攝八道僧風糾正 都僧統者 光緒六年 十一月)." 참고

148. 홍릉(洪陵): 고종과 명성황후 민씨의 합장릉이다. 다만, 이때의 홍릉은 고종의 재위 기간임으로 명성황후 민씨의 홍릉을 의미한다.

149. 공식 명칭은 통영 안정사 연 및 금송패로, 경상남도 유형문화재로 지정되어 있다.

150. 선희궁(宣禧宮): 선희궁은 사도세자의 사친인 영빈 이씨(暎嬪 李氏, 1696~1764)의 사당이다.

151. 차첩 석인엽임경상남도고성군안정사선희궁송화봉산수호승풍규정십삼도도승통겸본사축성단숭봉원장향탄봉산금송도감자 광무사년육월일 선희궁(差帖 釋仁燁任慶尙南道固城郡安靜寺宣禧宮松花封山守護僧風糾正十三道都僧統兼本寺祝聖壇崇奉院長香炭封山禁松都監者 光武四年六月日 宣禧宮)

152. 임형시(林衡寺): 『목민심서』를 보면 정약용은 임목(林木)을 관리하는데 있어 소나무 만 아니라 다른 재목에 대한 벌채와 금령을 해야 한다고 말하고 있다. 정약용이 임형시를 설치할 것을 주장한 이유는 다른 곳에서는 세금을 걷는데, 산림자원의 경우 세금을 걷지 않아 토호들의 배를 불리고, 백성들의 피해로 다가오기 때문이라고 봤기 때문이다.

153. 지번으로 검색할 경우 하천 전체를 포괄하고 있어, 해당 위치를 찾기 위해서는

미산리 산 1-4번지를 검색하면 된다. 자세한 위치는 미산약수교를 지나 오른쪽으로 100미터가량 이동하면 안내문과 이정표를 만날 수 있어, 찾는데 크게 어렵지는 않다.

154. 산삼가현산 서표 1: 국가산림문화자산 2014-0005

155. 산삼가현산 서표 2: 국가산림문화자산 2014-0006

156. 인제 산삼가현산 서표 2는 '강원특별자치도 인제군 상남면 미산리 351-1번지' 인근에 위치하고 있다.

157. 『여도비지(輿圖備志)』: 최성환(崔惺煥)·김정호(金正浩)에 의해 편찬된 지리지

158. 『영조실록』 1745년(영조 21) 11월 21일, "봉상시에서 삼남의 율목 분정을 폐하고 구례현 연곡사로 주재 봉산하기를 청하다." 참고

159. 당시 연곡사와 쌍계사에서 재목으로 쓸만한 나무가 다 사라졌다는 언급이 나올 정도였다. 조명제, 김탁, 정용범, 정미숙 역주, 혜안, 2009, 『국역조계산송광사 사고:산림부』, 20~21P 참고

160. 조명제, 김탁, 정용범, 정미숙 역주, 혜안, 2009, 『국역조계산송광사사고: 산림 부』, 20~21P 참고

161. 총섭(摠攝)은 고려·조선시대 승려의 직책으로, 작은 의미에서 사찰의 주지를 일 컫는 말이다. 여기서 송광사 총섭은 율목봉산을 관리했던 책임자가 송광사총섭 임을 의미한다.

162. 벽소령 봉산정계 각석은 지난 2022년 1월 7일(금)에 제보해준 임병기, 이영규 선생님과 함께 현장 답사를 진행했다.

163. 충주 미륵리 봉산 표석: 국가산림문화자산 2022-0003

164. 배재수, 1999, 『미륵리 封山石標에 관한 研究 : '聞慶邑 封山' 및 鳥嶺封山과 關 聯하여』, 한국산림과학학회지

4장   사찰금표

165. 산사, 한국의 산지승원(유네스코 세계유산): 1. 양산 통도사 2. 영주 부석사 3. 안동 봉정사 4. 보은 법주사 5. 공주 마곡사 6. 순천 선암사 7. 해남 대흥사

166. 다솔사 주차장으로 올라가는 등산로 상에 위치하고 있다.

167. 충청좌도문의현구룡사(忠淸左道文義縣九龍山月裡寺)

168. 다만 패(牌)가 무엇을 의미하는지는 알 수 없으나 금표의 특성상 월리사가 왕실과 관련이 있는 사찰로 추정된다.

169. □사본이삼한고경앙유비□(□寺以三韓古景仰仗非□) / 삼성전패동탑시위칙여타□(三聖殿牌同楊侍衛則與他□)

170. 대소인불감입장작영세(大小人不敢入葬作永世)

171. 한티휴게소에서 출발할 경우 파계봉 방향으로, 1.6㎞가량 등산로를 걷다 보면 만날 수 있다.

172. 해당 문단은 《오마이뉴스》, 2021.04.12, 「봉교비가 들려주는 법주사와 순조 태실」 수정·재인용

173. 승려들의 잡역을 면제한 것은 법주사가 태실의 수호사찰이기 때문이다. 실제 태실을 수호하는 사찰의 경우 승첩을 내려주거나 잡역(雜役)을 면해주는 조치를 취했다. 실제 『일성록』에는 예천 용문사에 문효세자의 태실을 봉안한 뒤 승려들이 태실을 수호하기에 잡역에 동원되면 용문사의 지탱이 어렵고, 태실 수호에 차질이 생긴다는 이유로 잡역을 면해주는 내용이 있다.

174. 정치영, 2014, 『사대부, 산수유람을 떠나다』, 한국학중앙연구원 출판부 28P 표 3 참고,
"정행석, 남몽뢰(1620~1681, 충청도 청주), 오재정(1641~1709, 충청도 문의), 이현익(1678~1716, 충청도 옥천), 이만부(1664~1732, 경상도 상주), 송교명(1691~1742), 조경(1727~1787, 충청도 옥천), 강정환(1741~1816, 경상도 칠원), 이동항(1736~1804, 경상도 칠곡), 이상수(1820~1882, 충청도 회인), 박문호(1846~1918, 충청도 보은)"

175. 정치영, 2014, 『사대부, 산수유람을 떠나다』, 한국학중앙연구원 출판부 28P 중 참고, "충청도 청주, 문의, 옥천, 회인, 보은, 경상도 상주 등이다."

176. 금패(禁牌)의 GPS 위치는 다음과 같다.
N 35.46.40.9044" E 128.07.25.1436"(경상남도 합천군 가야면 구원리 627-1)

177. 국립공원공단, 2020, 『국립공원 문화자원 자료집, 금석문』, 176P 인용

178. 국립공원공단, 2020, 『국립공원 문화자원 자료집, 금석문』 중 관인 금패(官人 禁牌)가 새겨진 바위 아래 석벽에 '무릉교 교목대시주경식불망비(武陵橋 橋木大施主 擎植不忘碑)'와 함께 새겨져 있다.

179. 문화원형백과유산기, 2005, 『유가야산록 – 이호윤』, 한국콘텐츠진흥원 참고

180. '남여하교필파 서정규(下敎籃轝筆罷 徐廷圭)'의 GPS 위치는 다음과 같다.
N 35.47.07.0224" E 128.06.37.0444"(경상남도 합천군 가야면 구원리 611)

181. 국립공원공단, 2020, 『국립공원 문화자원 자료집, 금석문』에서는 남여를 타고 다니는 행위를 금지할 것을 하교한다는 의미로 해석했다.

182. 조산대 각석의 GPS 위치는 다음과 같다.
N 35.47.32.4582" E 128.05.45.3436"(경상남도 합천군 가야면 가야산로 1727)

183. 삼보사찰(三寶寺刹): 세 가지 보물로, 불보(佛寶)·법보(法寶)·승보(僧寶)를 말한다. 불보사찰(佛寶寺刹)은 양산 통도사, 법보사찰(法寶寺刹)은 합천 해인사, 승보사찰(僧寶寺刹)은 순천 송광사를 말한다.

184. 해인사 창건과 관련해 애장왕의 어머니인 성목태후가 등창병으로 고생했는데, 약이 듣지 않자 왕은 당시 명망 있던 고승인 순응을 초빙해 성목왕후의 병을 낫게 하고자 했다. 찾아온 이에게 사연을 들은 순응은 오색실을 준 뒤 실을 배나무에 매고, 남은 실의 끝을 아픈 곳에 대도록 했고, 그렇게 성목태후의 병이 낫자 왕은 기뻐하며, 순응의 요청에 따라 해인사를 창건했다는 내용이다.

185. 정치영, 2014, 『사대부, 산수유람을 떠나다』, 한국학중앙연구원 출판부 35P 표 5 참고.
"정구(1543~1620, 경상도 성주), 이중무(1568~1629, 경상도 합천), 허돈(1586~1632, 경상도 합천), 신필청(1647~1710), 이시선(1625~1715, 경상도 봉화), 여문화(1652~1722, 경상도 성주), 유척기(1691~1767, 경상도 개령), 정식(1683~1746, 경상도 진주), 최흥원(1705~1786, 경상도 대구), 김상정(1722~1788, 경상도 삼가), 정위(1740~1811, 경상도 성주), 하진태(1737~1800, 경상도 진주), 문해구(1776~1849, 경상도 합천), 이호윤(1777~1830, 경상도 밀양), 송병선(1836~1905, 충청도 회덕), 박근욱(1839~1917, 경상도 밀양)"

186. https://12977705.tistory.com/8727801, 양산 통도사 산문금훈주 표석 중 임병기의 해석을 참고. "□□오년춘 세존응화이구사삼년 주지 구하 필(□□五年春 世尊應化二九四三年 住持 九河 筆)."

187. 오신채(五辛菜): 불교에서 금지한 달래, 마늘, 부추, 파, 흥거 등의 채소를 오신채라 한다.

188. 조포사(造泡寺): 제사에 쓸 두부 혹은 제수물품 만들던 사찰로, 용주사가 왕실과 관련이 있는 사찰임을 보여 준다.

189. 반룡농주형(盤龍弄珠形): 용의 여의주를 희롱하는 지형

190. 이는 마치 '아버지가방에들어가신다.'와 '아버지가 방에 들어가신다.'처럼 같은

말이지만, 띄어쓰기에 따라 해석이 달라지는 것과 맥을 같이 한다.

191. 수륙사(水陸寺): 죽은 자의 혼령을 위로하는 수륙재(水陸齋)를 올리던 사찰이다.

192. 자복사(資福寺): 나말여초 시기에 유행했던 비보사상의 영향으로 세워진 사찰을 조선에서 재정비하며 지정한 사찰이다.

193. 선각대사탑비의 경우 궁예와 관련한 흔적으로 주목받은 바 있는데, 이는 비문에 나오는 '대왕'의 주체를 왕건이 아닌 궁예로 보는 견해가 있기 때문이다. 이 경우 선각대사탑비가 세워진 946년까지는 궁예의 평가가 지금과 달랐음을 의미한다. 즉 현재 우리가 알고 있는 궁예의 이미지는 고려의 건국과 태조 왕건의 정당성을 위해 격하된 것으로 볼 수 있기에 무위사를 찾으실 때 관심 있게 봐야 할 문화재다.

5장   종교·신앙금표

194. 이때 제천 의례의 명칭은 '마리산참성초(摩利山塹城醮)'다.

195. 김성환(2021)은 이를 "마리산 참성에서 실행되는 도교의례인 초재"로 설명하고 있다.

196. 김성환(2021)은 현 개천대제가 유교와 대종교의 의례가 혼용되어 진행된다는 점에서 과거 참성단 제천의례와는 차이를 보인다고 설명하고 있다.

197. 대언(代言): 고려와 조선시대의 관직으로, 고려 때 왕명의 출납, 숙위, 군기 등을 역할을 담당했다. 조선시대 승지와 유사하다.

198. 현 북한의 강동군 문흥리 대박산에 있는 단군릉이다.

199. 『일성록』 1786년(정조 10) 8월 9일(기유) 중, "강동현(江東縣)의 단군묘(檀君墓)를 수호(守護)하라고 명하였다." 참고

200. 『임하필기』 권 12 문헌지장 편 '단군묘(檀君墓)' 중 "평안도 강동현(江東縣) 서삼리(西三里)에 단군묘(檀君墓)가 있는데 그 둘레가 410척이다. 《동국여지승람(東國輿地勝覽)》에 이르기를, "고을의 오른쪽에 이 묘가 있다." 하였는바, 비록 확실한 증거는 없지만 예로부터 전해 오는 말이니, 필시 그럴 만한 사연이 있을 것이다. 본조(本朝)의 정종(正宗) 10년(1786)에 수호군(守護軍) 2명을 두고 30보(步)를 한계로 정하여 들어오지 못하도록 금표(禁標)를 세웠다."

201. 안내문에서는 중대한 설을 풍수지리로 설명하고 있다.

202. 『동국여지지』제주목 봉화 관련 기록을 보면 입산봉에 봉화가 있는 것을 알 수 있는데, 정식 명칭은 입산봉수(笠山烽燧)다. 입산봉수는 동쪽으로 왕가봉수(往可 烽燧), 서쪽으로 서산봉수(西山烽燧)로 응한다. 또한, 〈대동여지도〉에는 입산봉의 정상에 봉수대 표시가 그려져 있다.

203. 녹고물오름으로 불린 이유는 수월봉 설화와 관련 있다. 설화의 내용을 요약해 보면 수월과 녹고라는 남매가 살았는데, 어머니의 병을 치료하기 위해 수월봉 절벽에 있는 약초를 캐다가 수월이 죽고, 이에 녹고가 흘린 눈물이 샘이 되었다 고 해서 수월봉과 녹고물이라 불렸다는 것이다.

204. 고산1리사무소: 제주특별자치도 제주시 한경면 고락로 30번지

205. 석질리필사(石迭里必思)라고도 한다.

206. 비의 명문은 진한용 원장(고려금석원)의 탁본 판독을 근거로 작성했다.

207. 사불가론(四不可論):『고려사』에 기록된 사불가론은 다음과 같다. "첫째, 작은 나 라가 큰 나라를 역격(逆擊)하는 것은 안 될 일입니다. 둘째, 여름철에 군사를 동 원해서는 안 됩니다. 셋째, 온 나라의 군사들이 원정에 나서면 왜적이 허점을 노려 침구할 것입니다. 넷째 때가 장마철이라 활을 붙여놓은 아교가 녹고 대군 이 전염병에 걸릴 것입니다."

208. 폐가입진(廢假立眞): 가짜를 몰아내고, 진짜를 세운다는 의미다. 여기서 가짜는 우왕과 창왕으로, 신돈의 핏줄을 이은 신씨이기에 진짜인 왕씨를 왕으로 세워 야 한다는 말이 된다. 그렇게 옹립된 왕이 바로 고려의 마지막 왕인 공양왕이다.

209. 선죽교(善竹橋): 현 북한의 개성특급시 선죽동에 있는 다리로, 본래 선지교(善地 橋)였으나, 정몽주가 죽은 자리에 대나무가 자랐다 해서 선죽교(善竹橋)로 불렸 다는 설이 있다.

210. 『선조실록』1598년(선조 31) 5월 8일, "정원이 관왕묘 수축시 물력 조달에 대해 아뢰다" 참고

211. 『선조실록』1598년(선조 31) 5월 13일, "관왕묘 치제시 큰비가 내려 행행을 중지 하다" 참고

212. 『숙종실록』1692년(숙종 18) 9월 15일, "무안왕을 경모하는 뜻을 담은 시 2수를 지어 내리다" 참고

213. 『숙종실록』1703년(숙종 29) 6월 19일, "관왕묘에 행차하여, 신미년의 예에 의해

동묘에 치제하게 하다." 참고

214. 협상이 결렬된 이유는 명과 일본의 강화 조건의 차이가 컸기 때문이다. 당시 명에서 요구한 강화 조건은 조선에서의 철병과 사죄였다. 하지만 일본에서 요구한 강화조건은 크게 ▶명 황녀를 천황의 후궁으로 삼을 것 ▶무역증서제 부활 ▶조선 8도 중 4도의 할양 ▶조선의 왕자와 신하를 볼모로 보낼 것 등 조선은 말할 것도 없고, 명나라로서도 받아들이기 어려운 내용이었다.

6장 장소·행위 금지 금표

215. 유승희, 2013, 『조선후기 한성부의 四山 관리와 松禁정책』 참고

216. 서울 수유동 궁금장(宮禁場) 각석의 GPS 위치는 다음과 같다.
N 37.38.57.4582" E 127.00.10.8648"(서울특별시 강북구 삼양로145번길 117)

217. 이전까지 해당 각석은 궁금장금(宮林場禁)으로 표기되었으나, 현장 확인을 통해 궁림장금 옆에 '표(標)' 명문이 확인됨에 따라 해당 명칭은 궁림장금표로 부르는 것이 타당하다.

218. 서울 우이동 궁림장금표 각석의 GPS 위치는 다음과 같다.
N 37.39.21.5172" E 126.59.33.6804"(서울특별시 강북구 우이동 삼양로173번길)

219. 자내(字內): 한양도성의 안과 밖을 감시하고 경계했던 구역

220. 은평역사한옥박물관 블로그, 2021.12.03. 「우리 동네 문화재 – 은언군 묘역 사패 금표비」 참고

221. 제각(祭閣): 묘제를 지내기 위해 능묘 주위에 짓는 건물이다.

222. 북한산 둘레길 제10구간 중 북한산 초등학교를 출발, 백화사 방향으로 가는 둘레길에 세워져 있다. 해당 구간의 둘레길 명칭은 내시묘역길로도 불린다. 한편, 2011년 발견된 또 다른 송금비의 경우 현재 소재가 확인되고 있지 않다.

223. 왕족이 아님에도 이해룡이 경천군(慶川君)으로 봉군되고, 사패지를 받은 것은 당대 그의 공적을 보여주는 흔적인 셈이다.

224. 해당 문단은 《뉴스타워》, 2018.04.22. 「폭군의 대명사로 알려진 연산군, 그의 행적을 볼 수 있는 '연산군 시대 금표비'」 수정·재인용

225. 의제가 재위한 시기는 진나라의 멸망과 초한전쟁으로 유명한 시기다. 시황제

사후 진나라는 혼란에 빠졌고, 이름을 타 항우의 숙부였던 항량(項梁)은 초나라를 건국하며, 반(反)진 전쟁에 돌입했다. 이때 항량은 초나라의 황족이었던 웅심을 초 회왕으로 옹립했고, 훗날 초한전쟁의 라이벌인 항우와 유방이 등장한 것도 이때다. 이후 유방과 항우에 의해 진의 수도인 함양이 점령되었고, 진나라가 멸망하면서 항우는 명목상이나마 웅심으로 초 의제로 높였다. 또한, 분봉을 통해 항우는 팽성(彭城)을 도읍 삼아 서초패왕으로 군림했다. 하지만 항우는 명분 상 천자였던 의제를 시해했다. 그 결과 이 같은 패륜 행위는 초한전쟁에서 항우에 불리하게 작용했고, 결국 천하는 유방에게 돌아갔다. 조의제문은 의제를 단종으로, 항우를 세조로 보고 명분 없는 왕위 찬탈을 비난한 것이다.

226. 회기동(回基洞)은 과거 회묘가 있어 회묘동으로 불렸던 적이 있다.

227. 교동도는 고려와 조선시대 유배지로 활용되었다. 고려 희종(1204~1211)의 경우 석릉(碩陵)이 강화도에 있는데, 희종은 무신정권의 집권자인 최충헌(1149~1219)의 암살을 시도했으나 실패해 자신이 폐위되어 강화도로 유배를 오게 된다. 이밖에 충정왕(1349~1351) 역시 폐위된 이후 강화도로 유배를 왔으며, 조선시대의 경우 연산군을 비롯해 영창대군(1606~1614)과 은언군(1754~1801) 등 왕과 왕족들의 유배지로 활용되었다. 특히 인조반정(1623)으로 폐위된 광해군(1608~1623) 역시 처음에는 강화도로 유배되었다가 이후 제주도로 옮겨졌다.

228. 연산군 묘: 서울특별시 도봉구 방학동 산 77번지

229. 『연산군일기』연산군 10년 갑자(1504) 8월 9일, "김감 등이 금표를 세운 이유를 사냥과 군사 조련 등으로 계유문을 지어 올리다." 참고

230. 구천은폭(九天銀瀑) : 『미수기언』에는 물이 구천(九天) 위에서 떨어지는 것 같아 '구천은폭(九天銀瀑)'이라고 새겼다고 기록하고 있다.

231. 노산군(魯山君)으로 불렸던 단종이 1698년(숙종 24) 11월 6일에 추복됨에 따라 이전까지 대군 부인의 묘였던 정순왕후의 무덤 역시 능으로 격상되었다.

232. 부석금표(浮石禁標)의 위치는 다음과 같다.
N 37.38.22.2252" E 126.59.54.9636"(서울특별시 강북구 4.19로31길 72)

233. 금표(禁標)의 위치는 다음과 같다.
N 37.38.26.5092" E 126.59.54.5604"(서울특별시 강북구 인수동 산74-4)

234. 해당 금표의 안내문을 보면 부석금표와 마찬가지로 채석장과 관련한 금표로 보고 있다. 위치상 그럴 가능성이 있지만 명확한 목적이라고 할 수 있는 부석(浮石)이 새겨지지 않은 점을 고려하면 부석금표 이외에 사산금표 등 다른 목적의

금표일 가능성도 배제할 수 없다.

235. 부석금표(浮石禁標)의 위치는 다음과 같다.

N 37.38.34.7352" E 127.00.04.3128"(서울특별시 강북구 수유동 산86-1)

다만, 앞선 부석금표1과 금표 서울특별시 문화재보호지역으로 지정되어 있으나 추가로 발견된 해당 부석금표는 포함되어 있지 않다.

236. 강화비석군 안내문 참고 "…자연보호의 일환인 금표는 숙종 29년(1703) 강화유수부(고려궁지) 앞과 여러 지방에 세웠으나 현재는 거의 없어졌다(중략)."

237. 해당 금표의 안내문은 다음과 같다.

"1733년 세워진 강화유수부의 경고문으로, 가축을 놓아 기르는 자는 곤장 백대, 쓰레기를 함부로 버리는 자는 곤장 팔십대라고 씌여 있어 조상들의 자연보호 정신을 엿볼 수 있다."

238. 《국제신문》, 2022.07.07, 「수장고에서 찾아낸 유물이야기」〈19〉 전복 월경채 취금령 불망비 중 "2001년 여름 기장군 장안읍 효암리 아이 봉수대 유적에서 발굴 조사를 하고 있었다. 휴식시간에 발굴 인부로 일하던 효암마을의 주민으로부터 중요한 이야기를 들었다. 봉수대 동남쪽 해안가 서당터라는 곳에 글자가 보이는 바위가 있다는 것이었다. 과연 주민의 말대로 서당터 끝 경사면 고목에 의해 위태롭게 받쳐져 있는 바위가 있었다."

239. 《국제신문》, 2022.07.07, 「수장고에서 찾아낸 유물이야기」〈19〉 전복 월경채 취금령 불망비 중

240. 『일성록』에는 100문(文)으로 표기하고 있다.

241. 100전(錢)의 가치를 환산하면 10전은 1냥에 해당하기에 전복 1개의 가격이 무려 10냥이었다는 소리가 된다.

242. 『정조실록』 1798년(정조 22) 11월 29일(무자), "진전·환곡·소금·대동 면포 등에 대한 양산 군수 윤노동의 상소" 참고

243. 당시 채취된 전복은 가공 방법에 따라 '반건복(半乾鰒)', '생복(生鰒)', '숙복(熟鰒)' 등의 형태로 진상되었다.

244. 『일성록』 1798년(정조 22) 11월 29일(무자), "경상 병사(慶尙兵使) 이보한(李普漢)을 추고하고, 이어 구관 당상(句管堂上)은 해당 영(營)의 해폐(海弊) 및 기장(機張)의 아홉 포구에 관한 일에 대해 상의하여 결정한 다음 이치를 따져 초기(草記)하라고 명하였다." 참고

245. 『일성록』 1780년(정조 4) 11월 29일(계묘) "성정각(誠正閣)에서 승지 유의양(柳義養)을 소견하였다." 참고

246. 『목민심서』 율기(律己) 6조 / 제5조 절용(節用) "의복과 음식은 검소함을 법식으로 삼아야 하니 조금이라도 법식을 넘어서면 지출에 절제가 없게 되는 것이다." 참고

247. 김희태, 2022, 『왕릉으로 만나는 역사: 신라왕릉』, 휴앤스토리, P226 일부 재인용

248. 제주 애월리 사무소: 제주특별자치도 제주시 애월읍 애월리 1587번지

249. 세장지지(世葬之地): 조상 대대로 묘를 쓴 땅

7장 기타금표

250. 비보풍수(裨補風水): 풍수적 결함이 있는 장소에 대해 보완하는 것을 의미한다.

251. 『동주집』 권7, 비명(碑銘), "호연당 태호 법사 비명 병서(浩然堂太湖法師碑銘 幷序)" 참고

참고문헌

문헌기록

《경세유표》

《고려사》

《고려사절요》

《관암전서》

《대동지지》

《동국여지지》

《동주집》

《만기요람》

《매산집》

《목민심서》

《성호사설》

《세종실록지리지》

《승정원일기》

《신증동국여지승람》

《여도비지》

《일성록》

《임하필기》

《조선왕조실록》

보고서, 도록, 저서, 논문

강판권, 2013, 『조선을 구한 신목, 소나무』, 문학동네

국립공원공단, 2020, 『국립공원 문화자원 자료집, 금석문』

김성환, 2021, 『마니산 제사의 변천과 단군전승 참성초에서 마니산산천제로』, 민속원

김희태, 2021, 『경기도의 태실』, 경기문화재단

김희태, 2021, 『조선왕실의 태실』, 휴앤스토리

김희태, 2022, 『왕릉으로 만나는 역사: 신라왕릉』, 휴앤스토리

김희태, 2022, 『정조 능행길의 현 상황과 과제』, 수원역사문화연구 제10집

김희태, 2022, 『화성 외금양계비의 연구와 과제』, 이야기가 있는 역사문화연구소 학술 발
　표집

문화원형백과유산기, 2005, 『유가야산록-이호윤』, 한국콘텐츠진흥원

박봉우, 1996, 『봉산고』, 산림경제연구 제4집

박봉우, 1996, 『황장금표에 대한 고찰』, 한국산림과학회

배재수, 1999, 『미륵리 봉산석표(封山石標)에 관한 연구(研究)-'문경읍(聞慶邑) 봉산(封山)'
　및 조령봉산(鳥嶺封山)과 관련(關聯)하여』

산림청, 2023, 『국가산림문화자산 87선 안내서』

심충성, 2015, 『의성의 바위글씨』, 의성향토사연구회

유승희, 2013, 『조선후기 한성부의 四山 관리와 松禁정책』

정치영, 2014, 『사대부, 산수유람을 떠나다』, 한국학중앙연구원 출판부

조명제·김탁·정용범·정미숙 역주, 2009, 『역주 조계산송광사고 산림부』, 혜안

최민희, 2008, 경주 양북면 『감재[柿嶺].부처재[佛嶺] 봉표석(封標石) 조사』, 신라문화동인
　회50년사

최민희, 2017, 『효명세자 연경묘의 경주 봉표비와 관련 선정비』, 경주문화논총 제20집

황현, 번역 허경진, 2006, 『매천야록(지식인의 눈으로 바라본 개화와 망국의 역사)』, 서해문집

언론 자료

《K-헤리티지뉴스》, 2023.04.23, 「이야기가 있는 역사문화연구소, 안동 봉정사 금혈비의
　명문과 비좌 확인해」 수정·재인용

《경인일보》, 2004.11.15, 「조선 왕릉보호 금표석 첫 발견」

《경인일보》, 2015.11.07, 「경기 문화유산을 찾아서: 20. 남한산성 소나무 숲과 금림조합비」
　참고

《국제신문》, 2022.07.17, 「[수장고에서 찾아낸 유물이야기]〈19〉전복 월경채취금령 불망비」
　참고

《노컷뉴스》, 2006.08.18, 「'순종'→'창덕궁 이왕(李王)' 표기…일제 초기 판결록 나와」 참고

《논객닷컴》, 2020.01.26, 「효명세자 흔적이 담긴 봉표(封標)를 아시나요?」 수정·재인용

《논객닷컴》, 2020.05.12, 「청령포에 금표비가 세워진 이유는?」 수정·재인용

《뉴스타워》, 2017.11.07, 「조선왕릉 편-단종의 왕비인 정순왕후 송 씨의 사릉(思陵)과 서울
　시 종로구 숭인동에 남겨진 정순왕후의 이야기」 수정·재인용

《뉴스타워》, 2018.02.05, 「조선왕릉 편 – 왕조시대의 종말과 한국사 최후의 왕이자 황제, 순종의 유릉(裕陵)」 수정·재인용

《뉴스타워》, 2018.04.22, 「폭군의 대명사로 알려진 연산군, 그의 행적을 볼 수 있는 '연산군 시대 금표비'」 수정·재인용

《뉴스타워》, 2020.03.02, 「건릉의 제사에 쓴 숯은 어디에서 왔을까?」 수정·재인용

《뉴스타워》, 2020.10.22, 「금표(禁標), 그 안에 담긴 의미와 시대상」 수정·재인용

《법보일보》, 2015.04.14, 「7. 사찰의 향탄봉산 관리」 참고

《오마이뉴스》, 2021.01.21, 「방치된 의성 연경묘 봉표, 보존과 관리가 필요하다」 수정·재인용

《오마이뉴스》, 2021.02.02, 「유실 우려되는 삼척 사금산 금표, 보존과 관리 필요」 수정·재인용

《오마이뉴스》, 2021.02.14, 「화성 태봉산에는 '융릉'과 관련한 비석이 있다?」 수정·재인용

《오마이뉴스》, 2021.04.09, 「은평역사한옥박물관에 있는 표석, 이런 사연이」 수정·재인용

《오마이뉴스》, 2021.04.12, 「봉교비가 들려주는 법주사와 순조 태실」 수정·재인용

《오마이뉴스》, 2021.04.21, 「영암 도갑사로 가는 길에는 건릉과 관련이 있는 금표가 있다?」 수정·재인용

《오마이뉴스》, 2021.04.28, 「강진 무위사에도 금표가 있다고?」 수정·재인용

《오마이뉴스》, 2021.05.02, 「마니산을 오를 때 참성단만? 이젠 금표도 함께 보세요」 수정·재인용

《오마이뉴스》, 2021.05.11, 「오지마을 비수구미에는 황장금표가 있다?」 수정·재인용

《오마이뉴스》, 2021.05.14, 「전주 자만동 벽화마을에 간다면, 이 금표도 함께 보세요」 수정·재인용

《오마이뉴스》, 2021.05.21, 「치악산 비로봉 오를 때 3기의 황장금표도 찾아보세요」 수정·재인용

《인천일보》, 2022.03.17, 「[김희태의 히스토리&스토리] 영화 '명당'과 가야사, 욕망의 대상이 된 땅」 수정·재인용

《인천일보》, 2023.08.22, 「화성 외금양계비, 화성시 향토문화재 지정」 참고

《제주환경일보》, 2018.10.22, 「[향토문화] 영원히 송덕..대서리 신묘금지비(神廟禁地碑)」 참고

사진 자료

전주 조경단 ⓒ이상훈

예산 가야사지, 묘 주변의 발굴 조사 결과 가야사의 흔적이 확인되었다. ⓒ이기웅

가야산 일대의 이산 표석 1 ⓒ이기웅

가야산 일대의 이산 표석 2 ⓒ이기웅

현륭원 조성 당시 화소와 외금양지 ⓒ이야기가 있는 역사문화연구소

건릉 조성 이후 화소와 외금양지 ⓒ이야기가 있는 역사문화연구소

『소령원도』「화소정계도」ⓒ한국학중앙연구원

「순조태봉도」ⓒ한국학중앙연구원장서각

「순조태봉도」속 순조 태실 ⓒ한국학중앙연구원 장서각

「순조태봉도」속 문장대 ⓒ한국학중앙연구원 장서각

「순조태봉도」속 법주사 ⓒ한국학중앙연구원 장서각

「순종태실도」ⓒ한국학중앙연구원 장서각

「순종태실도」속 순종 태봉 ⓒ한국학중앙연구원 장서각

수해복구 공사 중 발견된 상월천리 금표 ⓒ양양문화원

양양 상월천리 금표(2021) ⓒ양양문화원

장리 금표 ⓒ양양문화원

원일전리 금표 ⓒ양양문화원

어성전리 금표 ⓒ양양문화원

법수치리 금표 ⓒ양양문화원

양양 달아치 교계 각석(2013) ⓒ양양문화원

양양 갈밭구미 교표(2017) ⓒ양양문화원

산직명길 ⓒ심현용

「장조태봉도」ⓒ한국학중앙연구원 장서각

「장조태봉도」속 문종 태실 ⓒ한국학중앙연구원 장서각

「장조태봉도」속 사도세자 태실 ⓒ한국학중앙연구원 장서각

「장조태봉도」속 명봉사 ⓒ한국학중앙연구원 장서각

울진 후정리 향나무 ⓒ심현용

통영 안정사 금송패 ⓒ문화재청 국가문화유산포털

서울 종묘 ⓒ이상훈

영조 계비 정순왕후 신주 ⓒ이상훈

태조 신주 ⓒ이상훈

종묘 1실 태조실 신주, 태조·신의왕후·신덕왕후 ⓒ이상훈

함안 벽소령 봉산정계 각석 ⓒ지리산국립공원공단 경남사무소 하동분소 조봉근 주무관

남해 용문사 금패, 진면에 '수국사금패(守國寺禁牌)'가 새겨져 있다. ⓒ남해군청

순천 송광사, '칙령 남여혁파 기해 강석호(勅令 籃輿革罷 己亥 姜錫鎬)' ⓒ임병기

조산대 각석 ⓒ임병기

제주 추자도 최영 장군 사당 ⓒ진한용

신묘금지비 ⓒ진한용

강화 남관제묘의 금잡인 표석 ⓒ장승효(강화만사성)

사산금표도 ⓒ국립중앙박물관

구천은폭 각석 ⓒ북한산국립공원사무소

송계별업 각석 ⓒ북한산국립공원사무소

과거 박물관의 야외에 전시 될 때의 약조제찰비 ⓒ정영현

현재 남아 있는 관수가 계단 ⓒ정영현

초량왜관이 있던 용두산 공원 ⓒ정영현

포천 인흥군 묘계비 ⓒ이경주

한글로 새겨진 경고문과 탁본 ⓒ진한용

수화예방비 ⓒ정영현

영상 자료

KBS, 2013.08.03. 「박정희 대통령은 어떻게 국토의 65%를 나무로 덮었을까? 세계가 놀란 '산림녹화' 비하인드 스토리」(KBS 다큐)

사이트

한국고전종합DB(https://db.itkc.or.kr/)

조선왕조실록(https://sillok.history.go.kr/main/main.do)

조선왕조실록 전문사전 위키(http://dh.aks.ac.kr/sillokwiki)

한국의 금표

초판 1쇄 인쇄	2023년 10월 06일
초판 1쇄 발행	2023년 10월 17일
지은이	김희태
펴낸이	김양수
책임편집	이정은
교정교열	김헌비
펴낸곳	휴앤스토리
	출판등록 제2016-000014
	주소 경기도 고양시 일산서구 중앙로 1456 서현프라자 604호
	전화 031) 906-5006
	팩스 031) 906-5079
	홈페이지 www.booksam.kr
	이메일 okbook1234@naver.com
	블로그 blog.naver.com/okbook1234
	페이스북 facebook.com/booksam.kr
	인스타그램 @okbook_
ISBN	979-11-89254-95-7 (93330)